中国充电服务第一股

中国电动汽车用户
充电行为研究报告 2023

中国电动汽车充电基础设施促进联盟

浙江安吉智电控股有限公司 编

机 械 工 业 出 版 社

《中国电动汽车用户充电行为研究报告 2023》数据调研和研究范围较广，并结合市场动态，特别提供了下沉市场和典型场景用户公用充电行为特征以及绿色出行碳积分创新应用部分内容。同时，本报告还深度调研了用户充电满意度及改善情况，洞察研判用户充电行为特征与变化趋势，并围绕城乡充电"一张网"建设、光储充一体化、车网互动协同、产业链及生态协同等方向，向行业提出前瞻性发展建议，旨在为政策制定部门、行业相关企业和从业者提供决策参考。

图书在版编目（CIP）数据

中国电动汽车用户充电行为研究报告. 2023 / 中国电动汽车充电基础设施促进联盟，浙江安吉智电控股有限公司编. -- 北京：机械工业出版社，2024.9. -- ISBN 978 - 7 - 111 - 76430 - 4

Ⅰ. U469.72

中国国家版本馆 CIP 数据核字第 2024215JQ0 号

机械工业出版社（北京市百万庄大街 22 号　邮政编码 100037）

策划编辑：王兴宇　　　　　　责任编辑：王兴宇
责任校对：张爱妮　张亚楠　　责任印制：单爱军

北京虎彩文化传播有限公司印刷

2024 年 9 月第 1 版第 1 次印刷

169mm×239mm · 8 印张 · 96 千字

标准书号：ISBN 978 - 7 - 111 - 76430 - 4

定价：138.00 元

电话服务　　　　　　　　　　网络服务

客服电话：010 - 88361066　　机　工　官　网：www.cmpbook.com

　　　　　010 - 88379833　　机　工　官　博：weibo.com/cmp1952

　　　　　010 - 68326294　　金　　书　　网：www.golden-book.com

封底无防伪标均为盗版　　机工教育服务网：www.cmpedu.com

编写委员会

主　任　王　耀

副主任　邹　朋　刘永东　王　芳

　　　　　戴　震　王　阳

主　编　仝宗旗

委　员　李　康　徐　梦　李　杨　樊　彬

　　　　　臧中堂　薛玉成　翟宇博　于　翔

　　　　　曹增光　王聪慧　赵佳怡　文　爽

　　　　　林青帆　房雅楠

前　言

任何事物的发展，都是一个波浪式前进、螺旋式上升的过程，全球碳中和之路亦是如此。2023 年 10 月，国际能源署（IEA）发布的《净零路线图：实现 1.5℃目标的全球途径》[⊖]显示，全球碳中和进程正在持续推进。2022 年，全球二氧化碳排放量达到创纪录的 370 亿吨，比疫情前的水平高 1%。在经历了两年能源使用和排放异常波动后，2022 年碳排放量增幅明显放缓，远低于 2021 年 6% 的增长速度和当年 3.2% 的全球 GDP 增速。

随着世界经济从资源依赖型向技术依赖型转变，能源的清洁和低碳成为世界经济新的发展方向。2022 年，全球可再生能源（包括水电、风电、太阳能等）在满足电力需求方面创下新纪录，占比达到 31%。清洁能源广泛应用、电动汽车加速普及、能源效率持续提升，有效抑制了由于增加化石能源消费所引起的碳排放增长，化石燃料的需求预计将在未来 10 年内达到顶峰。IEA 预计，到 2030 年，太阳能光伏和电动汽车将贡献碳减排量的 1/3，电动汽车在汽车总销量中的份额将超过 65%，世界在清洁能源上的投资将由 2023 年的 1.8 万亿美元攀升至每年约 4.5 万亿美元，能源强度显著下降，能源系统基础设施数量和多样化程度进一步提升。

"双碳"目标提出三年来，我国经济社会发展全面向绿色转型，国家发展改革委和各地区、各部门，协同推进降碳、减污、扩绿、增长，加速构建绿色低碳能源体系，以太阳能电池、锂电池、电动汽车为代表的"新

　⊖　https://www.iea.org/reports/net-zero-roadmap-a-global-pathway-to-keep-the-15-0c-goal-in-reach

三样"成为经济高质量发展的"绿色引擎"。2023 年以来，我国从顶层设计到地方规划、从专项政策到配套措施，有力支撑新能源汽车产业快速发展，进一步提升充电基础设施建设和服务水平，助力交通领域绿色能源革命。

《中国电动汽车用户充电行为研究报告 2023》的数据调研和研究范围较广，特别提供了下沉市场和典型场景用户公用充电行为特征以及绿色出行碳积分创新应用部分内容。同时，本报告还深度调研了用户充电满意度及改善情况，洞察研判用户充电行为特征与变化趋势，并围绕城乡充电"一张网"建设、光储充一体化、车网互动协同、产业链及生态协同等方向，提出前瞻性发展建议，旨在为政策制定部门、行业相关企业和从业者提供决策参考，为实现交通领域绿色低碳转型和"双碳"目标贡献力量。

本书编委会

目　录

第七章
行业发展建议
▬▬

第一章
研究概述

2023

中国电动汽车用户
充电行为
研究报告

01

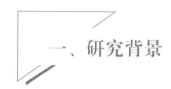

一、研究背景

（一）2022—2023 年中国新能源汽车产业发展概况

1. 连续九年位居世界第一，中国新能源汽车进入快速普及阶段

2023 年，我国新能源汽车持续快速增长，产销分别完成 958.7 万辆和 949.5 万辆，同比分别增长 35.8% 和 37.9%。据国家发展和改革委披露，我国新能源汽车产销量占全球比重超过 60%、连续 9 年位居世界第一位，全球每销售 10 辆新能源汽车，中国就占了 6 辆以上。截至 2023 年底，我国新能源汽车保有量达到 2041 万辆（图 1-1），全世界超过一半的新能源汽车行驶在中国。

图 1-1　2015—2023 年我国新能源汽车及纯电动汽车保有量

（数据来源：公安部）

能链研究院数据显示，2023年，我国新能源汽车新车销售渗透率突破31.6%（图1-2），远高于美国的9%、欧洲的20%。随着高质量充电服务网络的建成，我国新能源汽车仍在持续、快速普及中，预计2024年我国新能源汽车销量在1150万~1250万辆之间。

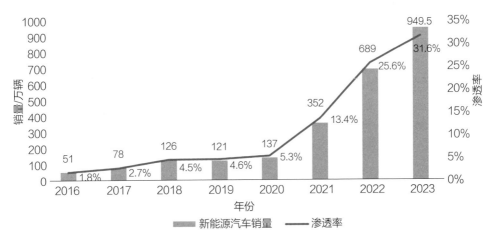

图1-2 2016—2023年我国新能源汽车销量及渗透率

（数据来源：中国汽车工业协会）

2. 自主品牌全面突破，助力中国新能源汽车品牌"向上竞争"

2023年是我国汽车产业自主品牌与合资品牌"此消彼长"的一年。在乘用车市场，自主品牌市场份额占比突破50%，尤其是自主品牌新能源车渗透率远高于主流合资品牌的表现。随着新能源汽车的快速发展，自主品牌紧紧抓住电动化转型机会，不仅在销量、市场份额方面保持了领先地位，更在品牌认知、产品品质、前沿技术领域，引领了全球新能源汽车的升级浪潮，在消费者层面形成了远超过去的品牌溢价优势，并持续提升竞争力。2023年新能源车企零售销量排行榜如图1-3所示。

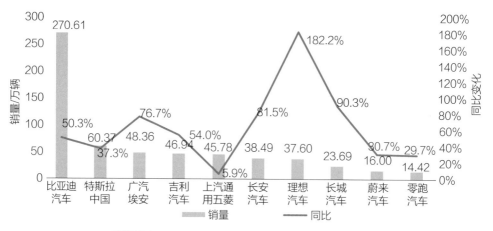

图1-3 2023年我国新能源车企零售销量排行榜

（数据来源：乘联会）

3. 政策与需求同频共振，新能源汽车市场加速"下沉"

2023年，围绕新能源汽车下乡、乡村充电基础设施建设，国家多部委联合发布支持政策，进一步提升了农村新能源汽车渗透率，农村电网的扩容、升级改造也有力支撑了乡村新能源汽车消费市场的发展。

2023年5月14日，国家发展改革委、国家能源局印发《关于加快推进充电基础设施建设 更好支持新能源汽车下乡和乡村振兴的实施意见》，提出创新农村地区充电基础设施建设运营维护模式，支持农村地区购买使用新能源汽车。加强乡村公共充电基础设施布局建设，加快实现适宜使用新能源汽车的地区充电站"县县全覆盖"、充电桩"乡乡全覆盖"，是推动新能源汽车下乡的重要工作。

2023年6月，工业和信息化部等五部门发布《关于开展2023年新能源汽车下乡活动的通知》，28家各类车企、69款车型进入"下乡名单"。不过，截至2023年底，农村地区新能源汽车新车销售渗透率仍不足20%，巨大消费潜力尚未有效释放。

4. 产品力日益提升，新能源汽车技术持续进化迭代升级

随着我国新能源汽车发展从过去政策驱动阶段进入市场化拓展阶段，新能源汽车产业"量质齐升"，尤其是一些自主品牌的车型，在产品力、创新力、性价比等方面均有较强的竞争力，获得了消费者的认可。

技术迭代方面，新能源汽车所搭载的三元锂、磷酸铁锂的动力电池，创新技术应用上的良好表现，大大提高了新能源汽车的续驶里程，部分缓解了充电焦虑。此外，新能源汽车从400V到800V高压架构升级正在快速推进中，2023年，高压快充车型密集上市，比亚迪、小鹏、蔚来、广汽、阿维塔等车企均发布了支持800V超高压快充的车型，甚至出现了支持875V（智己LS6）、900V（广汽昊铂SSR）的车型。

据华安证券报告预计，2025年新能源主流车型将均支持高压快充，2026年，800V以上高压平台车型销量预计达580万辆，渗透率50%。这一趋势同步带动了4C、5C高倍率电池及功率器件、电机等零部件的升级。

5. 电动化下一篇章启幕，新能源汽车智能化、网联化进程提速

如果说电动化拉开了汽车产业变革的序幕，那么人工智能、自动驾驶、车路协同等创新技术加持的智能网联汽车，则是对汽车产业进行了更深程度的重构。电动汽车智能网联技术生态如图1-4所示。

2023年，车企将智能座舱、高级别辅助驾驶等技术应用示范推广落地，大算力车规级芯片、激光雷达等技术规模化，与智能网联汽车相关的政策文件持续发布，相关自动驾驶、车联网等标准规范进一步完善，消费者在选购新车时也越来越倾向于购买具备智能网联能力的汽车。

2023年11月17日，工业和信息化部、公安部、住房和城乡建设

部、交通运输部联合发布《关于开展智能网联汽车准入和上路通行试点工作的通知》，意味着我国正式启动了智能网联汽车的商业化运行，产业发展迈出关键一步，有利于促进智能网联汽车产品的性能提升和产业生态的迭代优化，保障智能网联汽车产品安全运行，推动我国新能源和智能网联汽车产业高质量发展。

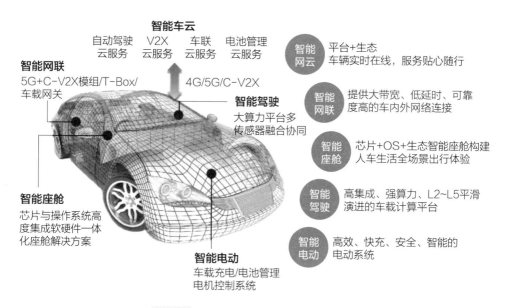

图1-4 电动汽车智能网联技术生态

（二）2022—2023年中国电动汽车充电基础设施发展现状及趋势

1. 政策密集出台，推动构建高质量充电基础设施体系

充电基础设施是重要的交通能源融合类基础设施。目前，我国已建成世界上数量最多、服务范围最广、品种类型最全的充电基础设施体系。与此同时，充电基础设施布局不够完善、结构不够合理、服务不够均衡、运营不够规范等问题仍然突出。

着眼未来电动汽车快速增长的趋势，2023 年以来，中共中央、国务院以及各部委出台一系列政策，多措并举推进构建高质量充电基础设施体系（表 1-1）。总体来看，这些政策聚焦目的地（居住区、办公区等）、高速公路及沿线、乡镇农村三大典型充电需求场景，明确了大功率快充和有序慢充两大技术应用方向，并在加强行业规范管理、提升车网双向互动能力等更深层面对我国充电设施的发展作出部署，为构建高质量充电基础设施体系、着力解决充电设施和相关服务"好不好"的问题指明了方向。

表 1-1　2023 年我国电动汽车充电基础设施重要政策汇总

时间	政策/会议名称	发布主体	重点内容
2023 年 2 月	《关于组织开展公共领域车辆全面电动化先行区试点工作的通知》	工业和信息化部、交通运输部等八部门	试点期为 2023—2025 年，要求公共领域新增及更新车辆新能源占比力争到 80%，新增公共充电桩（标准桩）与公共领域新能源汽车推广数量（标准车）比例力争达到 1:1
2023 年 4 月	中共中央政治局会议	中央政治局	加快建设以实体经济为支撑的现代化产业体系，培育壮大新动能。巩固和扩大新能源汽车发展优势，加快推进充电桩、储能等设施建设和配套电网改造
2023 年 4 月	《2023 年能源工作指导意见》	国家能源局	积极推动能源消费侧转型。加快建设智能配电网、主动配电网，提高接纳新能源的灵活性和多元负荷的承载力。推动充电基础设施建设，上线运行国家充电基础设施监测服务平台，提高充电设施服务保障能力
2023 年 5 月	国务院常务会议	国务院	聚焦制约新能源汽车下乡的突出瓶颈，适度超前建设充电基础设施，创新充电基础设施建设、运营、维护模式，确保"有人建、有人管、能持续"。同时进一步优化支持新能源汽车购买使用政策，促进农村新能源汽车市场健康发展

（续）

时间	政策/会议名称	发布主体	重点内容
2023 年 5 月	《关于加快推进充电基础设施建设 更好支持新能源汽车下乡和乡村振兴的实施意见》	国家发展改革委、国家能源局	创新农村地区充电基础设施建设运营维护模式，主要包括：加强公共充电基础设施布局建设、推进社区充电基础设施建设共享、加大充电网络建设运营支持力度、推广智能有序充电等新模式、提升充电基础设施运维服务体验
2023 年 6 月	国务院常务会议	国务院	延续和优化新能源汽车车辆购置税减免政策，构建高质量充电基础设施体系，进一步稳定市场预期、优化消费环境，更大释放新能源汽车消费潜力
2023 年 6 月	《关于进一步构建高质量充电基础设施体系的指导意见》	国务院办公厅	适度超前建设充电基础设施，到 2030 年建成高质量充电基础设施体系，形成城市面状、公路线状、乡村点状布局的充电网络，加快重点区域建设，提升运营服务水平。推动农村地区充电网络与城市城际充电网络融合发展，加快实现充电基础设施在适宜使用电动汽车的农村地区有效覆盖
2023 年 7 月	《关于实施农村电网巩固提升工程的指导意见》	国家发展改革委、国家能源局、国家乡村振兴局	统筹考虑乡村级充电网络建设和输配电网发展，做好农村电网规划与充电基础设施规划的衔接，加强充电基础设施配套电网建设改造和运营维护，因地制宜、适度超前、科学合理规划县域高压输电网容载比水平，适当提高中压配电网供电裕度，增强电网支撑保障能力。在东部地区配合开展充电基础设施示范县和示范乡镇创建，构建高质量充电基础设施体系，服务新能源汽车下乡

（续）

时间	政策/会议名称	发布主体	重点内容
2023 年 7 月	《关于促进汽车消费的若干措施》	国家发展改革委、商务部等 13 部门	落实构建高质量充电基础设施体系，加快乡县、高速公路和居住区等场景充电基础设施建设，引导用户广泛参与智能有序充电和车网互动，鼓励开展新能源汽车与电网互动应用试点示范工作
2023 年 7 月	《关于恢复和扩大消费的措施》	国家发展改革委	落实构建高质量充电基础设施体系、支持新能源汽车下乡、延续和优化新能源汽车车辆购置税减免等。科学布局、适度超前建设充电基础设施体系，推动居住区内公共充电基础设施优化布局并执行居民电价，研究对充电基础设施用电执行峰谷分时电价政策，推动降低新能源汽车用电成本
2023 年 12 月	《关于加强新能源汽车与电网融合互动的实施意见》	国家发展改革委、国家能源局、工业和信息化部、市场监管总局	协同推进车网互动核心技术攻关；加快建立车网互动标准体系；优化完善配套电价和市场机制；探索开展双向充放电综合示范；积极提升充换电设施互动水平；系统强化电网企业支撑保障能力
2023 年 12 月	《关于组织开展"充电基础设施建设应用示范县和示范乡镇"申报工作的通知》	国家能源局	加快构建满足不同地区、不同类型、不同场景充电需求的服务网络，引领充电设施运维和商业模式创新，促进新能源汽车下乡。力争到 2025 年底，示范县乡因地制宜建成布局合理、快慢结合、适度超前的充电网络体系，推动实现充电站"县县全覆盖"、充电桩"乡乡全覆盖"的基本要求

2. 公共充电基础设施持续增长，城乡一体化充电网络加快布局

随着新能源汽车产业的快速发展，充电基础设施建设规模持续扩大，布局更加完善。截至 2023 年 12 月，我国充电基础设施数量已达 859.6

万台，同比增加 65.0%，其中公共充电桩 272.6 万台（图 1-5）。2023 年 1—12 月，公共充电基础设施保有量稳步增加（图 1-6），充电基础设施增量为 338.6 万台，其中公共充电桩增量为 92.8 万台，桩车增量比为 1：2.8（图 1-7）。能链研究院预计，到 2025 年，新能源汽车用电量将增至 2022 年的 4 倍；2030 年，新能源汽车用电量将接近 4000 亿 kW·h。

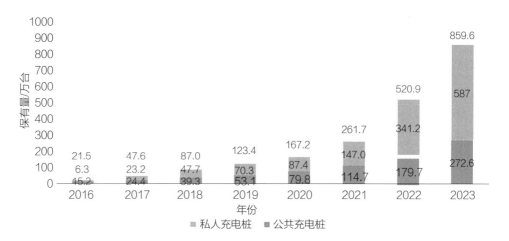

图 1-5 2016—2023 年我国充电基础设施保有量

（数据来源：中国电动汽车充电基础设施促进联盟）

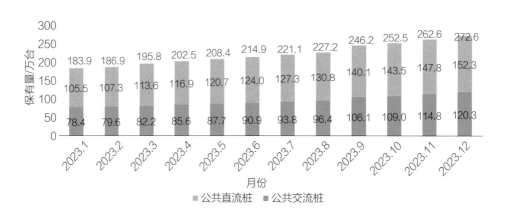

图 1-6 2023 年 1—12 月我国公共充电基础设施保有量

（数据来源：中国电动汽车充电基础设施促进联盟）

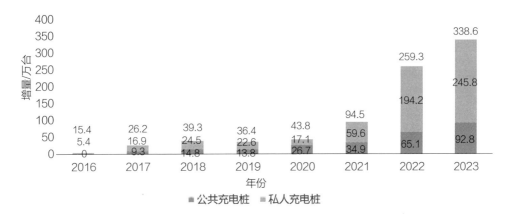

图 1-7　2016—2023 年我国充电基础设施增量

（数据来源：中国电动汽车充电基础设施促进联盟）

2023 年 6 月，国务院办公厅印发的《关于进一步构建高质量充电基础设施体系的指导意见》提出，到 2030 年，基本建成覆盖广泛、规模适度、结构合理、功能完善的高质量充电基础设施体系，有力支撑新能源汽车产业发展，有效满足人民群众出行充电需求，建设形成城市面状、公路线状、乡村点状布局的充电网络。

城市充电网络日趋完善，在国务院新闻办公室举行的政策例行吹风会上，国家发展和改革委员会副秘书长欧鸿指出，一线城市中心城区公共充电桩设施覆盖率已经超过 80%，服务半径与加油站相当。重点覆盖居住区、办公区、商业中心、工业中心、休闲中心等功能区域，公共停车场、具备条件的加油站加气站、旅游景区等公共区域充电基础设施建设提速。同时，各类充电基础设施充分接入的信息网平台加快建设，通过进一步提升公共充电基础设施互联互通水平，强化新能源汽车的出行体验和充电效率。

作为连接城市与乡村的重要枢纽，高速公路服务区成为新能源汽车充电的重要场景。据交通运输部披露的数据，目前，全国 95% 以上的高速公路服务区具备充电条件，初步形成"十纵十横两环"的高速公路快充网络。中国电动汽车充电基础设施促进联盟统计数据显示，截至2023年底，全国高速公路沿线具备充电服务能力的服务区共5978个，充电停车位共29895个。但与发展需求相比，公共充电基础设施总量不够、密度不高、覆盖面不足等问题仍较为突出。

针对高速公路充电难的问题，国家出台政策加快补齐重点城市之间路网充电基础设施短板，拓展高速公路网充电基础设施覆盖广度，加密优化设施布局点位。新建高速公路服务区同步建设和既有充电设施改造并重，打造有效满足新能源汽车中长途出行需求的城际充电网络。同时，在车流量较大区域、重大节假日期间等适度投放移动充电基础设施，增强充电网络韧性。

在充电基础设施发展较为薄弱的乡村地区，电力、充电服务等企业正在稳步推动公共充电网络的有效覆盖，实现与城市、城际充电网络融合发展。在乡村地区充电网络建设过程中，呈现出了"两个优先"趋势：优先向适宜新能源汽车使用、输配电网基础好的大型村镇、乡村旅游重点村镇等地区覆盖，优先在乡镇机关、企事业单位、商业建筑、交通枢纽场站、公共停车场、物流基地等区域布局建设。

3. 推动公共充电桩下沉市场布局，着力打通充电桩下乡"最后一公里"

自2020年7月，工业和信息化部首次组织开展新能源汽车下乡活动以来，三线及以下城市的新能源汽车销量占比连年提升。从不足35%逐渐增加至目前已接近45%。2020年下半年、2021年、2022年、2023年新能源汽车下乡车型销量共拉动销量超733万辆，累计销量占同期全国新能源汽车总销量的36.55%（图1-8）。

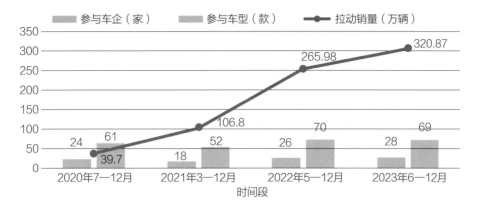

图1-8 2020—2023年我国新能源汽车下乡情况

（数据来源：工业和信息化部）

在国家政策支持下，充电基础设施"下沉"到乡村市场成为支撑新能源汽车下乡的重要趋势。目前，充电基础设施不足成为制约乡村地区购买和使用新能源汽车的首要"堵点"和"痛点"。我国县级以下公共桩总数仅占全国公共桩总数的11.28%，总体仍然偏低。县级以下公用桩总数占全国公用桩总数的12.11%；县级以下直流桩总数占全国直流桩总数的14.51%，交流桩总数占全国交流桩总数的9.47%。

除了数量不足，乡村充电基础设施建设挑战巨大。第一，乡村地区充电设施建设运行面临农村电网支撑能力弱、有可能影响电气安全和电能质量等问题，会对下沉市场的充电站与充电桩造成影响，需要及时维护；第二，乡村区域公共充电设施利用率受制于新能源汽车保有量，利用率明显低于平均水平，很难吸引运营商投资建设；第三，在广大乡村地区建设公共充电基础设施电网铺设成本较高，建成后的维护费用高昂，企业投资积极性不高；第四，乡村土地多为集体所有制，充电桩用地需要当地政府进行统一规划，同时电力增容一直是充电站建设的难点，在基础设施并不完善的乡村，这一问题可能更加严峻。

因此，要想打通充电桩下乡"最后一公里"，还需政府、行业、企业等多方携手，才能实现充电站"县县全覆盖"、充电桩"乡乡全覆盖"，助力新能源汽车加速驶向广阔乡村。

4. 充电桩技术路线并行发展，大功率、智能化、自动化趋势明显

随着充电基础设施不断发展，交流充电、直流充电、大功率直流充电、高压快充等技术路线并行发展，并配合满足未来智能化、自动化充电场景的充电设备，使充电基础设施的充电效率、智能控制、安全监测等技术水平得到持续提升。

目前，公共充电桩仍以交流充电桩为主，占比约60%，但直流充电桩充电速度更快、充电时间更短，更加匹配电动汽车用户临时性、应急性的充电需求。

提高充电速度的方式主要包括提高电流和提高电压两种。目前，大功率直流充电技术受到国际广泛关注，各国相继开展大功率充电技术的研究和标准制定，日本标准（CHAdeMO）及我国国家标准（GB/T）直流快充最大功率正在由400kW/250kW共同迈向900kW，欧洲已经完成了350kW大功率充电标准体系建设，目前正与美国标准一同向460kW发展。

随着耐高压、低损耗、高功率密度的SiC功率器件的逐步深入应用，目前国内"千伏"高压架构核心部件产业链已齐备，实现超充性能的车型陆续推出（表1-2），满足3C、4C超充标准的电池开始商业化，1000V、大功率充电桩开始布局，250kW~1MW的大功率充电设施开始进入产业化阶段，并将成为未来3~5年的重要趋势。国家有关部门已将1000V纳入乘用车大功率快充接口标准中，以适应未来"千伏"高压平台的落地。

表1-2 国内部分新能源车企800V高压平台布局情况

汽车品牌	高压平台/超级快充	车型
小鹏	SEPA 2.0扶摇平台，搭载800V SiC平台，配套480kW超充桩	G6/G9
理想	高压纯电Whale和Shark平台，双平台均支持800V高压以及400kW超充桩	MEGA
吉利	SEA浩瀚平台，四碳化硅800V高压系统	极氪001 FR
蔚来	NT3.0平台，采用800V高压架构	阿尔卑斯系列车型最快于2024年下半年交付
奇瑞	E0X平台，800V电驱动组件、电子电气架构EEA 5.0	星纪元ES
比亚迪	e平台3.0，搭载800V高压快充	海豹
广汽埃安	GEP2.0平台，最大工作电压可达880V，最大充电功率达480kW	昊铂HT/昊铂GT
长安汽车	CHN平台，已推出800V量产车型	阿维塔11
上汽智己	全域800V双碳化硅平台，主打准900V高压平台概念	LS6
长城汽车	800V高压平台，配合480kW高压快充技术	沙龙机甲龙
北汽极狐	BE21平台，800V高压平台	阿尔法S HI版

如今，充电桩智能化也是充电基础设施发展的重要趋势。充电桩在智能化方面的发展主要体现在四个层面：一是功能层面，主要体现为智能充电；二是管理层面，主要体现为智能管理与运维；三是能源互联网层面，主要体现为智能大数据采集与边缘计算；四是设备自动化，主要体现为自动充电机器人。

在智能充电方面，充电桩可采用智能控制算法，使电池处于较佳的电流接受状态，提高充电速度和充电效率。通过智能有序充电策略，对电动汽车充电的时间、功率进行规划和调节，再辅以价格调节机制，实现"削峰填谷",缓解电网运行压力。

在智能管理与运维方面,"手机 App + 运维云平台 + 智能充电桩设备"模式,可以利用大数据和移动互联技术,将充电设备各项参数上传至云端,通过大数据存储与运算,对于异常运行情况立即进行应对处理,提升充电站的运维效率和运行的安全性与可靠性。

在能源互联网层面,充电桩作为电动汽车使用与运行大数据的主要采集节点,其数据价值越来越重要。具有操作系统的充电设施,可以更好地促进充电桩与网络的互联互通,统一平台可以提供充电桩位置、充电价格、充电功率等信息服务,方便用户高效找到充电桩,并享受便捷充电服务。

在充电设备自动化方面,自动充电机器人具有可自由移动、占地面积较小、部署灵活等优势,能够应用于节假日期间的高速公路、空间有限的地下停车场、集中装配期间的港口、客流高峰时段的旅游景区等众多场景,可提供应急充电服务。

作为一种临时快速充电补能的方式,自动充电机器人未来将与现有的固定式充电模式、换电、无线充电等形成互补的统一体,构成一个完善的电动汽车充电补能生态。随着自动驾驶汽车的普及,自动充电机器人将成为必要的基础设施,将为新能源汽车用户创造全新的充电体验。

5. "光储充一体化"趋势明显,规模化落地步入高速发展期

"光储充一体化"集光伏发电、储能、充电于一体,是推动从"低碳"向"零碳"发展的绿色充电模式,也是实现"双碳"目标的关键支撑。据国家电网预计,2030 年新能源汽车年充电量将达到 3800 亿 kW·h,占比达到 4.6%,最大充电负荷将达到 1.2 亿 kW,占全社会用电负荷9.3%,提前布局光储充一体化缓解电网负荷显得尤为重要。

作为新能源汽车与可再生能源产业深度融合的切入点，光储充一体化能够实现绿色能源高效友好利用，如解决分布式新能源随机性、波动性的问题；通过储能实现削峰填谷、需求响应、电网调峰调频等降低用能成本；与电动汽车 V2G 技术结合，创新性进行用能与发电载体融合的科技实践；对充电负荷进行分类、分析以及智能化控制，探索与新能源汽车的结合形式等。

光储充一体化解决方案，将能够解决在有限的土地资源里配电网的问题，通过能量存储和优化配置实现本地能源生产与用能负荷基本平衡。可根据需要与公共电网灵活互动且相对独立运行，尽可能地使用新能源，从而缓解电动汽车大规模接入和大电流充电对区域电网的冲击。

2022—2023 年，政府出台一系列政策和规划（表 1-3），明确光储充一体化的发展目标和方向。这些规划和政策不仅涵盖光储充一体化技术的研发和应用，还涉及整个产业链的完善和发展。此外，政府还通过实施财政补贴等措施鼓励光储充一体化项目的发展，上海、重庆、四川、福建、河南等各省市纷纷落地"光储充检"一体化充电站。

表 1-3　2022—2023 年涉及"光储充一体化"重要政策汇总

类型	发布时间	政策名称	政策要点
发展规划和实施方案	2022 年 6 月	《"十四五"可再生能源发展规划》	明确新型储能独立市场主体地位，完善储能参与各类电力市场的交易机制和技术标准，促进储能在电源侧、电网侧和用户侧多场景应用。创新储能发展商业模式，鼓励储能为可再生能源发电和电力用户提供各类调节服务
	2023 年 1 月	《2023 年能源监管工作要点》	加快推进辅助服务市场建设，建立电力辅助服务市场专项工作机制，研究制定电力辅助服务价格办法，不断引导虚拟电、新型储能等新型主体参与系统调节，探索推进"源网荷储"协同共治

（续）

类型	发布时间	政策名称	政策要点
电力市场与调用机制	2023 年 6 月	《新型电力系统发展蓝皮书》	加速转型期（2023—2030 年），储能多应用场景多技术路线规模化发展，重点满足系统日内平衡调节需求。总体形成期（2030—2045 年），规模化长时储能技术取得重大突破，满足日以上平衡调节需求。巩固完善期（2045—2060 年），储电、储热、储气、储氢等覆盖全周期的多类型储能协同运行，能源系统运行灵活性
	2023 年 6 月	《关于进一步推动新型储能参与电力市场和调度运用的通知》	新型储能可作为独立储能参与电力市场，鼓励配建新型储能与所属电源联合参与电力市场，加快推动独立储能参与电力市场配合电网调峰，充分发挥独立储能技术优势提供辅助服务，优化储能调度运行机制等

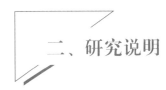

二、研究说明

（一）数据来源

本研究报告聚焦公用充电桩用户，涉及运营服务统计数据主要来自第三方充电运营服务商，接入公共充电桩规模与中国充电联盟公布的全国整体规模相近，服务用户涵盖出租车、网约车、商用车、私家车等多种类型。

（二）数据选取

1. 时间范围

本研究报告统计数据时间范围选取 2022 年 6 月 1 日—2023 年 5 月 31 日期间。

2. 季节划分

在本报告中定义的春季时长 3 个月，即 3、4、5 月；夏季时长 3 个月，即 6、7、8 月；秋季时长 3 个月，即 9、10、11 月；冬季时长 3 个月，即 12、1、2 月。

3. 节假日与非节假日划分

本报告中涉及的节假日包含春节、国庆节、劳动节和三天"小长假"。

其中三天"小长假"包含元旦、端午节、中秋节，因 2023 年清明节仅放假一天，故未包含在三天假期之内。非节假日包含工作日与周末。

4. 城市范围

报告选取第三方充电运营服务商业务覆盖区域，包括除香港、澳门、台湾、西藏外的全国 30 个省级行政区，212 个地级市。

5. 南北区域划分

报告以秦岭—淮河地理分界线为标准，分界线以南的地区为南方，分界线以北的地区为北方。

（三）研究方法

1. 用户充电行为特征分析

本研究报告基于第三方充电运营服务商所覆盖业务区域随机抽取的 1.29 亿次有效充电行为数据，重点分析公用充电桩用户的 10 项重要充电行为特征，包括充电时段、单次充电、快慢充使用、充电设施功率使用、充电设施单枪使用、充电场所选择、跨运营商充电、跨场站充电、跨城市充电及充电前后车辆 SOC 情况。同时综合考虑不同类型用户、不同季节、节假日与非节假日、不同区域等因素对各项行为特征的影响，对用户充电行为特征进行深入挖掘。

2. 用户充电满意度研究

在本研究报告用户充电满意度研究中，数据的获取、收集通过线上及线下调研问卷方式，调研对象覆盖全国电动汽车用户群体，回收有效样本 2680 份。围绕充电 App 信息展示清晰准确性、充电安全与稳定性、充电网络建设完善性、充电场站管理情况、充电费用合理性 5 个维度，以及城市、高速公路、社区 3 个典型充电场景建立评价体系，对用户充电满意度进行综合评价。

（四）相关指标定义及分类

1. 充电桩分类

本研究报告涉及的充电桩类别根据服务对象及充电类型进行划分，主要充电桩类别定义见表 1 - 4。

表 1-4　主要充电桩类别定义

分类方式	充电桩类别		定义
服务对象	公共充电桩		建设在公共停车场结合停车泊位建造的充电桩，为社会车辆（全部或部分）提供充电服务
	公用充电桩		完全面向社会车辆服务的公共充电桩
	专用充电桩		面向部分特定社会车辆服务的公共充电桩
	私人充电桩		建设在自有车位，服务于私人用户的充电桩
充电类型	慢充	交流慢充充电桩	固定安装在电动汽车外，需要通过车载充电机，将交流电转换为直流电，为电动汽车动力电池进行充电；通常输出功率小于 7kW，充电时间较长
	快充	直流快充充电桩	固定安装在电动汽车外，将交流电转换为可调直流电，直接为电动汽车动力电池充电，通常输出功率大于 40kW，能够实现快速充电
		交流快充充电桩	固定安装在电动汽车外，需要通过车载充电机，将交流电转换为直流电，为电动汽车动力电池充电，通常输出功率为 7～42kW，能够实现快速充电

2. 主要停车充电场所定义

主要停车充电场所类别根据停车场所在位置进行划分，具体定义见表 1-5。

表1-5 主要停车充电场所类别划分及定义

停车充电场所类别	定义
公共停车场	由交通部门专门划设的供社会车辆停放的车辆集散场所，一般设置在政府机关、各类办事处、学校、医院、公园、游乐园及其他开放停车区域
大型建筑配建停车场	设置在大型公共建筑内部及周边的停车场，如大型办公建筑、大型商业建筑、大型旅游建筑、大型通信建筑等
交通枢纽停车场	设置在火车站、轨道交通站、客运站、公交枢纽站、码头、机场等车辆集散点附近，专为车辆停放后换乘其他交通方式的车辆停放场地
工业园区停车场	设置在以工业生产、物流存储为主的园区内，专为省内外大中小型货运车辆、危化品车辆、集装箱货车等车辆提供的停放、保养场地
居民区停车场	设置在居民小区内，专为小区业主的私人车辆提供的停车场地
写字楼停车场	设置在商业办公用楼、商业园区、科技园区内部及周边，专为业主、办公人员及访客车辆提供的地上、地下停车场地
大型文体设施停车场	设置在大型体育场馆、文化馆、博物馆、剧场、展览会场等区域内部及周边，专为各类文体活动、文化娱乐等提供的停车场地
路边停车位	由公安交通管理部门利用城市道路，包括机动车车道、非机动车车道、人行道等可容停车空间，为机动车停放所设置的停车位置
城际高速服务站停车场	设置在城际快速路、高速公路服务区和停车区内，专门为进入服务站里的驾驶人和乘客休息提供的停车场地

3. 城市群定义

不同城市群所包含所有城市名单定义，具体如表1-6所示。

表1-6 国家级城市群划分一览表

分类	城市群	地区名单
国家级城市群	京津冀城市群	北京、天津，河北省的石家庄、保定、唐山、廊坊、秦皇岛、张家口、承德、沧州、衡水、邢台、邯郸定州、辛集，河南省的安阳
	长三角城市群	上海，江苏省的南京、无锡、常州、苏州、南通、盐城、扬州、镇江、泰州，浙江省的杭州、宁波、嘉兴、湖州、绍兴、金华、舟山、台州，安徽省的合肥、芜湖、马鞍山、铜陵、安庆、滁州、池州、宣城
	粤港澳大湾区城市群	广东省的广州、佛山、肇庆、深圳、东莞、惠州、珠海、中山、江门，香港、澳门特别行政区
	长江中游城市群	湖北省武汉、黄石、鄂州、黄冈、孝感、咸宁、仙桃、潜江、天门、襄阳、宜昌、荆州、荆门，湖南省长沙、株洲、湘潭、岳阳、益阳、常德、衡阳、娄底，江西省南昌、九江、景德镇、鹰潭、新余、宜春、萍乡、上饶及抚州、吉安的部分县（区）
	成渝城市群	重庆市的渝中、万州、黔江、涪陵、大渡口、江北、沙坪坝、九龙坡、南岸、北碚、綦江、大足、渝北、巴南、长寿、江津、合川、永川、南川、潼南、铜梁、荣昌、璧山、梁平、丰都、垫江、忠县，以及开州、云阳的部分地区；四川省的成都、自贡、泸州、德阳、绵阳（除北川县、平武县）、遂宁、内江、乐山、南充、眉山、宜宾、广安、达州（除万源市）、雅安（除天全县、宝兴县）、资阳

4. 评价指标定义

（1）跨运营商充电行为

定义：用户使用非单一运营商进行充电的行为，用户跨 N 个运营商代表该用户曾使用 N 个运营商（$N \geq 2$）。

跨运营商率 = 跨 N 个运营商人数 ÷ 总跨运营商人数 ×100%

（2）跨场站充电行为

定义：用户前往非单一充电场站进行充电的行为，用户跨 N 个场站代表该用户曾前往 N 个场站进行充电（ $N \geq 2$ ）。

跨站率 ＝跨 N 个场站人数 ÷总跨场站人数 ×100%

（3）跨城市充电行为

定义：用户在非单一地级市进行充电的行为，用户跨 N 个城市代表该用户曾在 N 个城市进行充电（ $N \geq 2$ ）。

跨城率 ＝跨 N 个城市人数 ÷总跨城市人数 ×100%

第二章
用户公用充电行为特征

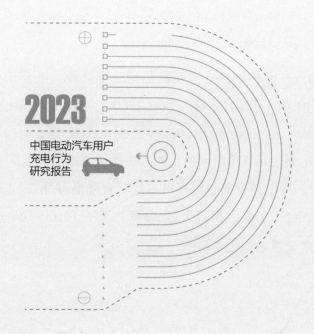

2023

中国电动汽车用户
充电行为
研究报告

02

一、充电时段特征

（一）单日分时段充电特征

电动汽车用户单日充电高峰包括三个时段，早上5:00—7:00、下午12:00—16:00、夜间23:00—次日1:00。对比2021年6月—2022年5月（以下简称"2022年"）和2022年6月—2023年5月（以下简称"2023年"，以下未说明其他时间的，数据统计均为本时间区间），早上时段充电占比提升，下午和夜间时段充电占比略有降低（图2-1）。主要受下午时段单度电电价⊖影响，相较于2022年，下午14:00—18:00每度电的价格上涨0.07元左右（图2-2）。

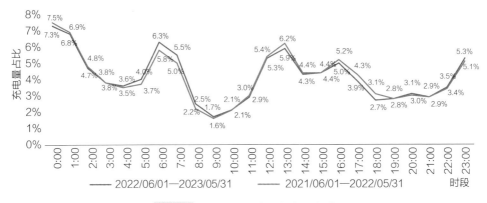

图2-1　近两年分时段充电量占比

⊖ 单度电电价＝电费＋服务费。

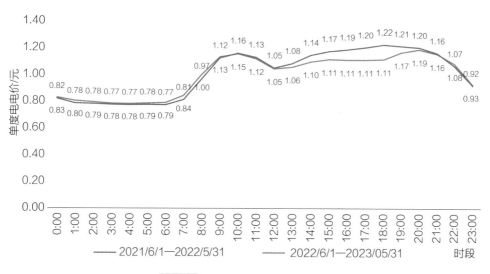

图2-2 近两年分时段电价变化

（二）节假日与非节假日分时段充电特征

节假日与非节假日的充电时段趋势基本相同，充电量最高峰时段基本一致，都为夜间23：00—次日1：00。二者的主要区别在次高峰的分布时段，非节假日与十一、五一、三天假期是早上5：00—7：00，春节是下午12：00—13：00（图2-3）。

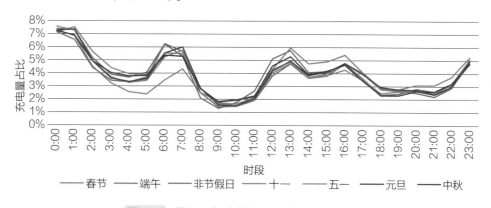

图2-3 节假日与非节假日分时段充电量占比

（三）快、慢充分时段充电特征

快充充电集中时间段为夜间 23：00—次日 1：00、早上 5：00—7：00、下午 12：00—16：00。而慢充充电集中时间段为凌晨 3：00—6：00、下午 12：00—17：00。用户倾向早上和下午使用快充充电，在夜晚休息时使用慢充充电（图 2-4）。

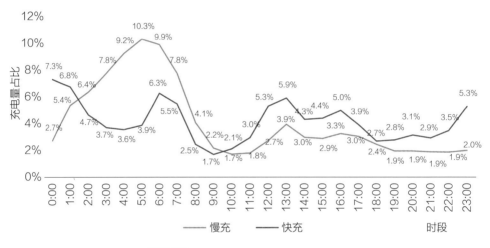

图 2-4　快、慢充分时段充电量占比

（四）不同类型用户分时段充电特征

出租车用户充电高峰时段主要受大小班交换班影响，充电主、次高峰时段分别出现在凌晨 0：00—6：00 和下午 15：00—17：00。小班白班驾驶人通常在下午 15：00—17：00 进行充电，晚高峰前将车辆交接给晚班驾驶人；大班驾驶人交换班时间略有不同，通常在凌晨 0：00—6：00 充电后进行交换班（图 2-5）。

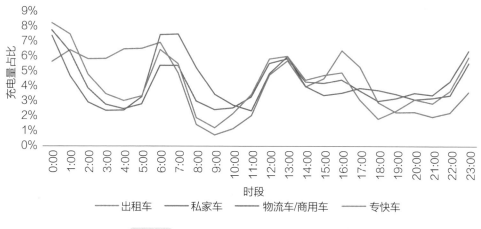

图2-5 不同类型用户分时段充电量占比

私家车用户充电主要集中在上班时段及晚间休息等非用车时段，符合工作及出行规律，早上5：00—7：00、下午12：00—14：00、夜间23：00—1：00均为充电高峰时段。

商用车用户充电时段相对分散，通常"有空就充，随时补电"，充电最高峰为早上6：00—8：00及夜间23：00—24：00非工作时段充电需求较高。

网约车用户对充电价格较为敏感，其充电时段分布特征与电价定价机制、出行高峰两个因素高度相关，充电最高峰为夜间23：00—1：00，早上5：00—7：00与下午12：00—14：00充电需求较高。

（五）不同季节分时段充电特征

各季节充电走势基本一致，冬季在早上5：00—7：00区间充电量要低于其他季节，在下午12：00—15：00要高于其他季节（图2-6）。

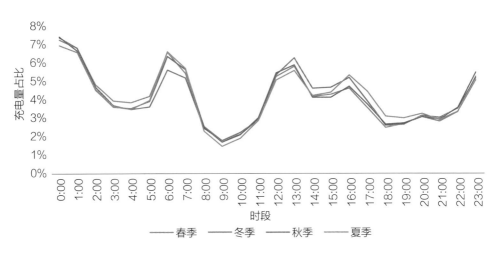

图2-6 不同季节分时段充电量占比

（六）不同区域分时段充电特征

南、北方充电高峰时段趋势基本一致，但北方在不同时段充电需求变化更大。下午12:00—17:00北方较南方充电需求更为集中，而南方在夜间19:00—23:00时段充电量明显高于北方，主要原因与当地气候、整体社会经济环境有关（图2-7）。

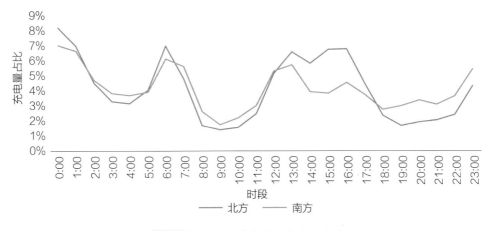

图2-7 不同区域分时段充电量占比

二、单次充电特征

（一）用户整体单次充电特征

用户平均单次充电量25.2kW·h，平均单次充电时长47.1min，平均单次充电金额24.7元，与2022年对比，平均单次充电量有微增，平均单次充电时间微降。

（二）节假日与非节假日单次充电特征

非节假日中，周一和周日的平均单次充电量和平均单次充电时长均高于其他日期（表2-1）。

表2-1 非节假日单次充电特征

类型	单次充电量/kW·h	单次充电时长/min	单次充电金额/元
周一	25.64	47.82	24.98
周二	25.14	46.76	24.74
周三	25.05	46.30	24.61
周四	25.11	46.79	24.64
周五	25.13	47.28	24.68
周六	25.08	47.02	24.70
周日	25.69	47.81	24.99

节假日中，春节期间的平均单次充电量和平均单次充电时长高于其他节假日。日充电频次方面，春节和元旦的日充电频次略高于其他节假日（表2-2）。

表 2-2　节假日单次充电特征

类型	单次充电量/kW·h	单次充电时长/min	单次充电金额/元	日充电频次
元旦	25.97	51.67	25.36	1.40
春节	26.32	53.11	26.58	1.45
五一	25.46	45.28	24.41	1.37
端午	26.15	46.98	25.24	1.38
中秋	25.41	45.73	25.72	1.37
十一	25.36	46.56	25.47	1.39
其他	25.23	47.04	24.71	1.38

（三）快、慢充单次充电特征

用户使用直流充电桩平均单次充电时长 45.72min，较 2022 年下降约 3min；平均单次充电量 25.28kW·h；平均单次充电金额 24.77 元（表2-3）。

用户使用交流充电桩平均单次充电时长 194.45min，较 2022 年提升约 21min；平均单次充电量 22.56kW·h，较 2022 年提升约 8kW·h；平均单次充电金额 23.42 元。

充电频次方面，直流充电桩周充电频次达 4.51 次，远高于交流充电桩周充电频次 1.98 次。

表 2 – 3　快、慢充单次充电特征

类型	单次充电量/kW·h	单次充电时长/min	单次充电金额/元	日充电频次	周充电频次
交流充电	22.56	194.45	23.42	1.09	1.98
直流充电	25.28	45.72	24.77	1.38	4.51

（四）不同类型用户单次充电特征

由于出租车、商用车、网约车的营运和作业属性，中途补电场景多使用快充桩，相比私家车平均单次充电时长更短，日充电频次和周充电频次更高（表2-4）。

私家车充电场景多为目的地充电，相比营运类车辆使用慢充桩充电相对较多，且有充足时间进行充电补能，因此平均单次充电时长较长、充电量更高。

表 2 – 4　不同类型用户单次充电特征

类型	单次充电量/kW·h	单次充电时长/min	单次充电金额/元	日充电频次	周充电频次
出租车	25.35	45.18	24.16	1.40	5.94
私家车	25.56	49.46	25.58	1.31	3.45
商用车	24.75	42.68	24.29	1.50	5.96
网约车	25.66	48.44	24.92	1.44	5.76

（五）不同季节单次充电特征

受到温度对电池的影响，冬季平均单次充电时长明显高于春、夏、秋季，从低到高排序为夏季＜春季＜秋季＜冬季。平均单次充电量的排序为秋季＜春季＜冬季＜夏季（表2-5）。

从周充电频次来看，春季充电需求相对较少，从低到高排序为春季＜冬季＜秋季＜夏季。

表2-5 不同季节单次充电特征

类型	单次充电量/kW·h	单次充电时长/min	单次充电金额/元	日充电频次	周充电频次
春季	24.96	45.91	23.98	1.34	4.10
夏季	25.71	45.47	25.38	1.42	4.67
秋季	24.82	46.07	24.65	1.36	4.23
冬季	25.63	50.95	25.27	1.41	4.19

（六）不同区域单次充电特征

受较低的环境温度影响车辆充电效率以及南方快充桩多于北方的原因，南北方在单次充电量相差不大的情况下，北方单次充电时长明显高于南方。从充电频次看，北方整体充电需求较南方略弱（表2-6）。

表2-6 不同区域单次充电特征

类型	单次充电量/kW·h	单次充电时长/min	单次充电金额/元	日充电频次	周充电频次
北方	25.05	50.01	24.43	1.32	3.99
南方	25.31	46.45	24.83	1.40	4.63

三、快、慢充使用特征

（一）用户整体快、慢充使用特征

由于大部分用户对充电时间较为敏感，今年数据与 2022 年趋势保持一致。今年有 95.4% 用户选择快充桩充电，选择慢充桩的用户占比较低为 4.6%，相比 2022 年提升 0.6 个百分点（图 2-8）。而在充电订单中，快充占比为 99%，慢充仅为 1%，今年慢充用户整体占比与 2022 年持平（图 2-9）。

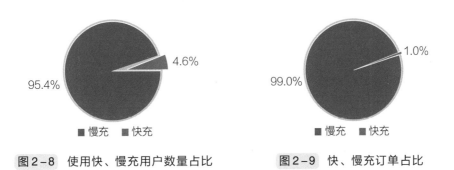

图 2-8　使用快、慢充用户数量占比　　　图 2-9　快、慢充订单占比

（二）节假日与非节假日快、慢充使用特征

节假日期间，基于出行时间成本的考虑，选择快充的用户占比高于非节假日（表 2-7）。

表2-7 节假日与非节假日快、慢充使用特征

类型	桩分类	订单占比（%）	用户占比（%）
元旦	慢充	0.9	1.6
	快充	99.1	98.4
春节	慢充	1.0	2.2
	快充	99.0	97.8
五一	慢充	0.9	1.9
	快充	99.1	98.1
端午	慢充	1.2	2.0
	快充	98.8	98.0
中秋	慢充	1.1	1.9
	快充	98.9	98.1
十一	慢充	1.0	2.3
	快充	99.0	97.7
其他	慢充	1.0	4.7
	快充	99.0	95.3

（三）不同类型用户快、慢充使用特征

因其营运和作业属性，网约车、商用车用户对充电时间高度敏感，在非工作时段几乎全部使用快充桩充电；出租车考虑到大小班和换班时间段，选择慢充桩用户占比相对于网约车和商用车较高，达到8.4%；而私家车用户在特定时段（夜晚或上班时段）选择慢充桩充电，因此慢充桩的使用也率略高，达到9.2%，相比2022年提升2.2个百分点（表2-8）。

表2-8　不同类型用户快、慢充使用特征

类型	桩分类	订单占比（%）	用户占比（%）
出租车	慢充	0.9	8.4
	快充	99.1	91.6
私家车	慢充	1.9	9.2
	快充	98.1	90.8
商用车	慢充	0.4	5.3
	快充	99.6	94.7
网约车	慢充	0.6	7.5
	快充	99.4	92.5
其他	慢充	1.0	4.0
	快充	99.0	96.0

（四）不同季节快、慢充使用特征

不同季节充电用户选择快充和慢充的比例基本一致，见表2-9。

表2-9　不同季节快、慢充使用特征

类型	桩分类	订单占比（%）	用户占比（%）
春季	慢充	0.9	3.7
	快充	99.1	96.3
夏季	慢充	1.0	4.0
	快充	99.0	96.0
秋季	慢充	1.0	4.1
	快充	99.0	95.9
冬季	慢充	0.9	3.8
	快充	99.1	96.2

（五）不同区域快、慢充使用特征

由于南方的快充桩数量和占比高于北方，南方用户选择快充桩的用户占比和订单占比均高于北方（表2－10）。

表2－10　不同区域快、慢充使用特征

类型	桩分类	订单占比（%）	用户占比（%）
北方	慢充	1.3	4.9
	快充	98.7	95.1
南方	慢充	0.9	4.7
	快充	99.1	95.3

四、充电设施功率使用特征

（一）用户整体充电设施功率使用特征

相比 2022 年，120kW 以下充电桩呈现出功率不断提高的趋势，其中，60 ~ 90kW 的充电设施建设占比从 2022 年的 14% 增至 17.5%，90 ~ 120kW 充电桩建设占比提升了 1.3 个百分点。180kW 以上充电桩建设占比几乎与 2022 年持平，超过 270kW 的充电桩占比为 3%，比 2022 年提升了 1 个百分点（图 2 - 10）。

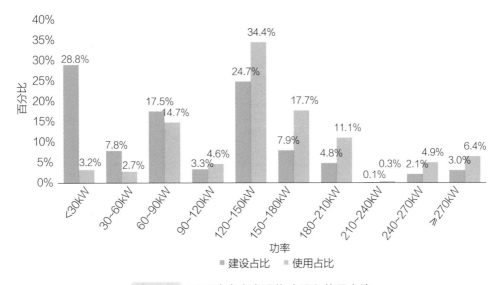

图 2-10 不同功率充电设施建设和使用占比

不仅大功率充电设施建设占比持续提升，用户的主流选择同样倾向于大功率充电桩，选择 120kW 以上充电设施用户占比达 74.8%（表 2-11），比 2022 年提升 2.7 个百分点。

表 2-11 不同功率充电设施建设与用户占比

功率	建设占比（%）	用户占比（%）
<30kW	28.8	3.2
30～60kW	7.8	2.7
60～90kW	17.5	14.7
90～120kW	3.3	4.6
120～150kW	24.7	34.4
150～180kW	7.9	17.7
180～210kW	4.8	11.1
210～240kW	0.1	0.3
240～270kW	2.1	4.9
≥270kW	3.0	6.4

（二）不同类型用户充电设施功率使用特征

不同类型用户对充电设施功率选择趋势基本一致，用户选择 120kW 及以上功率的充电设施占比超过 70%，其中 120～210kW 为用户主流选择（图 2-11）。对比 2022 年，用户选择 <120kW 充电设施的比例与 2022 年基本持平，>240kW 使用率占比有较大提升（表 2-12）。

表 2-12 不同类型用户充电设施功率使用特征

功率	出租车	私家车	商用车	网约车
<30kW	2.9%	4.5%	3.2%	3.7%
30～60kW	4.5%	3.0%	4.0%	3.3%
60～90kW	15.0%	14.7%	15.3%	15.1%

（续）

功率	出租车	私家车	商用车	网约车
90～120kW	5.3%	4.5%	5.4%	5.9%
120～150kW	24.3%	30.5%	25.4%	23.7%
150～180kW	17.4%	18.3%	17.8%	17.9%
180～210kW	13.5%	12.5%	13.5%	13.9%
210～240kW	0.8%	0.3%	0.3%	0.5%
240～270kW	6.2%	4.5%	6.5%	6.1%
≥270kW	10.0%	7.2%	8.6%	9.9%

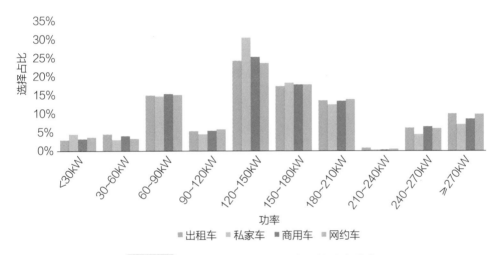

图2-11　不同类型用户选择充电设施功率分布

（三）不同区域充电设施功率使用特征

整体来看，南北方充电桩功率差别不大，<120kW 充电设施占比均超过 70%。相比 2022 年，北方选择充电功率 >60kW 充电设施的比例已经赶上南方，特别是 > 150kW 充电设施，北方高于南方 1.8 个百分点（表 2-13）。60～90kW 充电设施使用占比南方高于北方 3.3 个百分点，180～210kW 充电设施使用占比北方高于南方 2.7 个百分点（图 2-12）。

表 2-13 不同区域充电设施功率使用特征

功率	北方	南方
<30kW	3.3%	3.1%
30~60kW	4.0%	2.4%
60~90kW	12.1%	15.4%
90~120kW	4.6%	4.6%
120~150kW	34.2%	34.5%
150~180kW	18.0%	17.6%
180~210kW	13.1%	10.4%
210~240kW	0.0%	0.4%
240~270kW	4.2%	5.2%
≥270kW	6.5%	6.4%

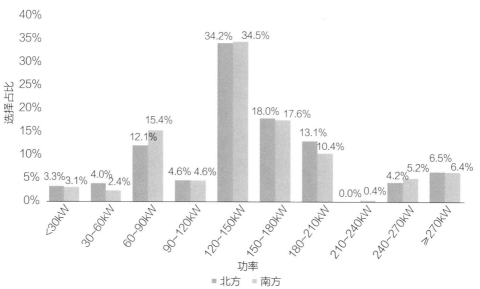

图 2-12 不同区域选择充电设施功率分布

从重点省份充电设施功率建设特征来看（表2-14），截至2023年底，辽宁、吉林大于120kW的充电桩建设占比超过80%，辽宁超充桩建设占比17.5%，排名全国第一，约为平均水平的3倍。

表2-14　重点省份充电设施功率建设特征

省份	0~30kW	30~60kW	60~90kW	90~120kW	≥120kW 累计	120~150kW	150~180kW	180~210kW	210~240kW	240~270kW	270~300kW	>300kW	总计
总计	21.7%	2.3%	17.3%	1.2%	57.5%	37.5%	5.4%	5.4%	0.0%	3.6%	0.1%	5.5%	100.0%
辽宁省	12.2%	1.1%	2.1%	0.5%	84.1%	23.0%	1.0%	38.6%	0.0%	4.0%	0.0%	17.5%	100.0%
吉林省	11.7%	4.1%	0.5%	1.1%	82.6%	42.4%	12.4%	17.1%	0.0%	8.7%	0.0%	2.0%	100.0%
四川省	11.3%	1.7%	8.8%	0.9%	77.3%	54.7%	9.3%	4.6%	0.0%	3.4%	0.2%	5.1%	100.0%
甘肃省	11.6%	0.0%	12.2%	0.2%	76.0%	57.8%	0.3%	13.3%	0.0%	2.3%	0.0%	2.3%	100.0%
陕西省	13.6%	1.4%	9.0%	0.4%	75.6%	51.3%	2.9%	8.9%	0.0%	2.8%	1.0%	8.7%	100.0%
福建省	10.8%	2.2%	14.6%	1.7%	70.7%	45.8%	8.1%	8.8%	0.0%	3.0%	0.0%	5.0%	100.0%
天津市	20.9%	1.3%	6.7%	1.5%	69.6%	33.4%	10.6%	6.3%	0.0%	3.4%	0.1%	15.8%	100.0%
新疆维吾尔自治区	22.3%	2.7%	4.2%	2.1%	68.7%	39.9%	6.2%	10.3%	0.0%	8.9%	0.0%	3.4%	100.0%
江西省	14.3%	0.2%	16.9%	0.4%	68.2%	53.3%	5.4%	2.4%	0.0%	3.3%	0.0%	3.8%	100.0%
山东省	19.1%	1.9%	12.3%	0.7%	66.0%	39.6%	4.1%	11.1%	0.0%	5.8%	0.1%	5.3%	100.0%
海南省	20.1%	1.5%	12.5%	1.0%	64.9%	47.4%	7.9%	1.4%	0.0%	3.8%	0.0%	4.4%	100.0%
河北省	21.2%	1.3%	11.8%	0.8%	64.9%	42.6%	8.1%	6.7%	0.0%	3.7%	0.0%	3.8%	100.0%
宁夏回族自治区	31.2%	0.3%	3.5%	0.2%	64.8%	52.8%	2.4%	3.8%	0.0%	3.9%	0.0%	1.9%	100.0%
山西省	17.7%	7.8%	9.7%	2.0%	62.8%	46.4%	1.2%	5.5%	0.0%	6.7%	0.4%	2.6%	100.0%
重庆市	25.0%	0.4%	11.1%	1.6%	61.9%	30.4%	15.4%	6.7%	0.0%	3.3%	0.0%	6.1%	100.0%
浙江省	24.8%	1.4%	11.8%	0.9%	61.1%	43.6%	2.7%	3.1%	0.0%	3.0%	0.0%	8.7%	100.0%
青海省	22.9%	18.7%	0.0%	0.0%	58.4%	16.7%	0.0%	35.4%	0.0%	0.0%	0.0%	6.3%	100.0%
湖北省	28.2%	1.3%	12.0%	0.4%	58.1%	33.7%	1.5%	10.0%	0.1%	2.9%	0.0%	9.9%	100.0%
黑龙江省	20.1%	3.1%	20.1%	0.0%	56.7%	36.0%	0.0%	16.7%	0.0%	1.5%	0.0%	2.5%	100.0%
湖南省	9.4%	2.9%	30.9%	0.4%	56.4%	41.9%	6.1%	4.1%	0.0%	1.5%	0.7%	2.1%	100.0%
广东省	20.2%	2.9%	19.5%	1.9%	55.5%	35.5%	4.1%	4.8%	0.0%	5.9%	0.0%	5.2%	100.0%
河南省	18.6%	7.2%	18.4%	0.3%	55.5%	34.1%	7.9%	5.5%	0.0%	1.1%	0.5%	6.4%	100.0%

五、充电设施单枪使用特征

（一）用户整体充电设施单枪使用特征

从整体充电设施单枪使用特征看，用户更加偏好使用快充桩。单枪日均充电度数快充桩是慢充桩的 2.8 倍，单枪日均功率快充桩是慢充桩的 4.9 倍（表 2–15）。

表 2–15　快、慢充单枪使用特征

类型	单枪日均充电 度数/kW·h	单枪日均充电 时长/min	单枪日均 功率
整体	81.5	152.5	32.1
慢充	29.6	262.7	6.8
快充	82.7	149.9	33.1

（二）不同类型用户充电设施单枪使用特征

由于出租车、网约车的营运属性较强，单枪日均充电度数和日均充电时长均高于私家车和商用车。其中，网约车单枪日均充电度数达 39kW·h，单枪日均充电时长达 73.6min。出租车和商用车受作业时限因素影响，对充电时间高度敏感，因此需要更快的充电效率，两者单枪日均功率高于私家车和网约车（表 2–16）。

表 2-16　不同类型用户单枪使用特征

类型	单枪日均充电度数/kW·h	单枪日均充电时长/min	单枪日均功率
出租车	37.7	67.2	33.7
私家车	30.5	59.1	31.0
商用车	32.1	55.4	34.8
网约车	39.0	73.6	31.8

（三）不同区域充电设施单枪使用特征

北方与南方单枪日均充电时长基本一致。相比北方，南方经济较为活跃，新能源汽车渗透率较高，新能源汽车保有量增长较快，南方单枪日均充电度数比北方多 6kW·h（表 2-17）。

表 2-17　不同区域单枪使用特征

类型	单枪日均充电时长/min	单枪日均充电度数/kW·h	单枪日均功率
北方	147.8	74.0	30.1
南方	146.9	80.0	32.7

六、充电场所选择特征

（一）主要停车充电场所选择特征

如图 2–13 所示，由于充电设施进一步完善，约 61% 的用户选择前往公共停车场或大型建筑配建停车场充电场站进行充电，该类型场景充电场站建设占比相对较高，且车位充足。

相比 2022 年，居民区、路边停车位、城际高速服务区充电设施建设占比明显提升，与国家构建高质量充电基础设施体系的政策重点保持一致，分别较 2022 年提升 10 个百分点、3 个百分点、2 个百分点。

图 2–13 不同场所公共充电设施建设和使用占比

受建设占比影响，不同类型用户充电场所选择趋势与 2022 年相比基本保持一致，约 40% 的用户优先选择公共机构充电场站，20% 左右的用户选择大型建筑配建停车场充电场站，且这两类充电场站周边配套设施相对完善。商用车由于作业范围所限，在工业园区充电用户占比达 12.7%，高于其他类型用户（图 2-14）。

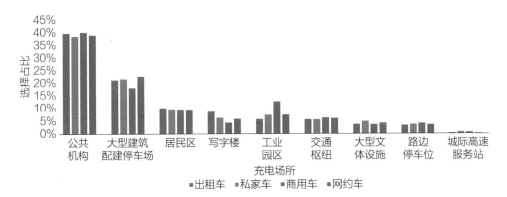

图2-14　不同类型用户的充电场所选择分布

（二）不同充电枪规模充电场站选择特征

接近85%的充电场站建设充电枪数量≤20把，用户使用占比超过58%（图2-15）。

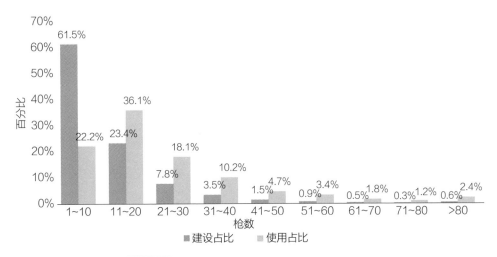

图2-15　不同枪数的充电场站建设和使用占比

建设规模方面，1～10把充电枪规模的场站建设占比61.5%，比2022年大幅提升34个百分点；11～30把充电枪规模的场站建设占比31%，比2022年下降将近29个百分点。充电站建设呈现出小型化、分散化的建站趋势。

使用特征方面，≤10把枪的充电场站使用占比仅为22.2%，相较建设占比，用户选择率偏低。多数用户选择10把枪以上的充电场站，64.4%的用户偏向选择充电枪在11～40把的场站，但此区间充电场站建设占比为34.7%，可见中型充电场站亟须进一步建设。

（三）不同停车收费类型充电场站选择特征

超过96%的用户倾向选择免费停车场（限时免费、免费及部分减免三类）。其中，超过62%的用户选择限时免费停车充电场站，比2022年提升20个百分点，选择率居首位。此类场站用户在充满电后会及时将车辆挪走，充电设施利用率较高（图2-16）。

免费停车充电场站车辆充满电后占用车位情况较为严重，导致用户选择率下降12个百分点，该类型场站的充电设施利用率相比其他类型场站较低。

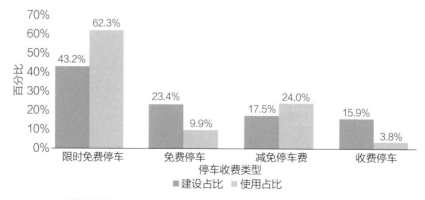

图2-16 不同停车收费类型的充电场站建设和使用占比

（四）有无配套设施充电场站选择特征

有15.3%的充电场站配备卫生间、餐饮、休息室、便利店等配套设施，选择有配套设施的充电场站用户占比达到68.7%（表2－18），相比2022年提升2个百分点。2023年，有配套设施的充电场站占比下降，选择有配套设施场站的用户占比却持续提升。

在同等建设基数下，选择有配套设施的充电场站用户数量明显多于无配套设施的场站，用户更倾向选择有配套设施的充电场站。增加充电场站配套设施可以缓解用户在充电过程中的"长时等待"焦虑。

表2－18　有无配套设施充电场站建设及使用特征

是否有配套设施	建设占比（%）	用户占比（%）
无	84.7	31.3
有	15.3	68.7

如图2－17所示，有配套设施的场站中，休息室、便利店、餐饮的建设占比达25%，使用占比超过54.7%。

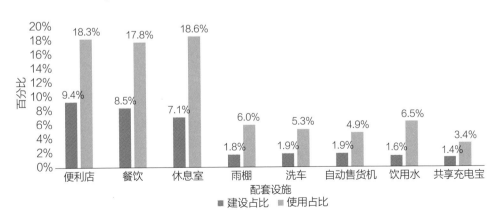

图2－17　不同配套设施的充电场站建设和使用占比

七、跨运营商充电特征

（一）用户整体跨运营商充电特征

超过 90% 用户具有跨运营商充电行为，平均跨 7 家运营商，最多跨运营商数量达 71 家，比 2022 年提升 19 家（表 2-19）。

表 2-19　跨运营商充电特征

分类	跨运营商用户占比（%）	平均跨运营商	最多跨运营商
整体	90.4	7.28	71

如图 2-18 所示，从跨运营商数量看，跨 9 家以上运营商用户占比达 70%，跨 10 家以上运营商用户占比超 29%。

用户跨运营商充电行为主要由于目前市场供给端较为分散，单一运营商服务半径无法完全满足用户充电需求；同时，充电价格、配套设施、市场口碑等也是影响用户跨运营商充电行为的重要因素。实现运营商间互联互通、发展聚合型充电运营平台，有助于提高用户充电便利性，提升用户充电体验。

（二）节假日与非节假日跨运营商充电特征

节假日中，五一假期和春节的跨运营商充电用户占比稍高，春节和十一长假用户驾驶新能源汽车远途出行较多，最多跨运营商数量相比其他日期较多，分别为 17 个和 15 个（表 2–20）。

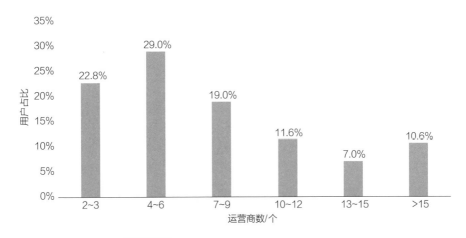

图 2–18　用户整体跨充电运营商分布情况

表 2–20　节假日与非节假日跨运营商充电特征

类型	跨运营商用户占比（%）	平均跨运营商	最多跨运营商
元旦	88.4	3.60	10
春节	90.7	4.06	17
五一	92.7	4.10	13
端午	84.1	3.10	11
中秋	84.9	3.15	10
十一	89.4	3.83	15
其他	90.3	7.19	68

（三）不同类型用户跨运营商充电特征

营运类车辆用户跨运营商充电特征较为明显，网约车、出租车及商用车跨运营商用户占比均超 96%，比 2022 年提升 4 个百分点，平均需使用 6~10 家运营商（图 2–19）。

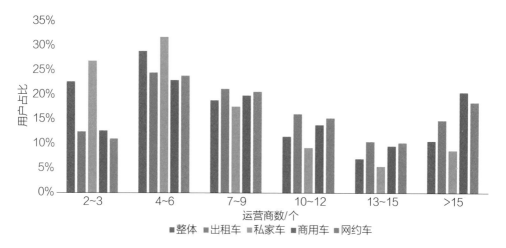

图2-19 不同类型用户跨充电运营商分布情况

平均跨运营商数量和最多跨运营商数量比 2022 年均有明显提升。其中，平均跨运营商最多的为商用车用户，数量超过 10 家。虽然私家车跨运营商用户占比低于营运车辆，但仍至少使用 6 家运营商才能满足其日常充电需求（表 2-21）。

表 2-21　不同类型用户跨运营商充电特征

分类	跨运营商用户占比（%）	平均跨运营商	最多跨运营商
整体	90.4	7.28	71
出租车	96.7	9.15	65
私家车	90.6	6.66	68
商用车	96.3	10.25	63
网约车	97.4	9.87	63

（四）不同区域跨运营商充电特征

由于南方的运营商数量相对北方较多，南方的跨运营商用户占比 91.4% 高于北方的 86.2%，最多跨运营商数量 71 个也高于北方的 38 个

（表 2 - 22）。平均跨 7 个以上运营商的南方用户占比高于北方用户
（图 2 - 20）。

表 2 - 22　不同区域跨运营商充电特征

区域	跨运营商用户占比（%）	平均跨运营商	最多跨运营商
北方	86.2	5.97	38
南方	91.4	7.59	71

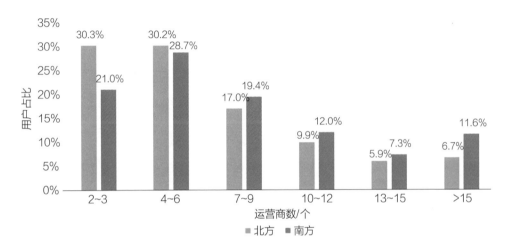

图 2-20　不同区域用户跨运营商分布情况

八、跨场站充电特征

（一）用户整体跨场站充电特征

超过93%的用户具有跨站充电行为，平均跨站19座，相比2022年增加4座，最多跨站数量达434座，相比2022年增加44座（表2-23）。

表2-23　用户跨场站充电特征

分类	跨站用户占比（％）	平均跨站数	最多跨站数
整体	93.4	19.03	434

从跨站率看，跨10座以上充电场站用户占比超过50%，高于2022年的46%，跨50座以上充电场站用户占比近10%，高于2022年的6%。因电动汽车续驶里程逐步提升，以及充电基础设施愈加完善，电动汽车行驶半径逐渐加大，用户跨站充电需求随之增加。充电价格、充电枪占用情况、快充枪数量、充电场站配套设施等因素，均会影响用户跨站充电行为（图2-21）。

（二）节假日与非节假日跨场站充电特征

由于节假日统计时间跨度较短，充电用户平均跨站数明显低于整体水平。随着节假日时间的长度增加，跨站用户占比也在逐步增加。春节和十一期间，新能源汽车远途出行需求旺盛，跨站数量明显提升，最多跨站数量是其他假期的 1.5 倍以上（表 2-24）。

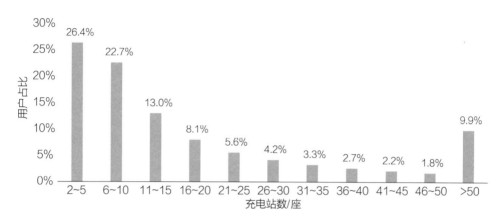

图 2-21 用户整体跨充电场站分布情况

表 2-24 节假日与非节假日跨场站充电特征

类型	跨站用户占比（%）	平均跨站数	最多跨站数
元旦	91.6	5.02	15
春节	94.4	6.14	30
五一	95.0	5.96	20
端午	88.3	4.39	20
中秋	88.7	4.37	13
十一	93.3	5.69	36
其他	93.3	18.61	421

（三）不同类型用户跨场站充电特征

由于网约车的营运属性，充电场站选择范围较广，相比其他类型用户，其跨站用户占比最高，平均跨站数量达 31.76 座，较 2022 年增加 10 座（表 2-25）。

表 2-25　不同类型用户跨场站充电特征

分类	跨站用户占比（%）	平均跨站数	最多跨站数
整体	93.4	19.03	434
出租车	98.2	25.33	279
私家车	94.3	16.51	336
商用车	97.7	31.35	434
网约车	98.7	31.76	363

作为公共领域车辆全面电动化的重要分支，城配物流领域新能源商用车渗透率逐步提升，其保有量规模和作业半径进一步扩大，平均跨站数量与网约车基本持平，达 31.35 座，较 2022 年增加 11 座，最多跨站数量434 座，为所有用户类型之首。

出租车用户由于交换班位置相对固定，其平均跨站数和最多跨站数相比网约车和商用车用户较少，平均跨站数量 25.33 座，最多跨站数量 279个，为所有用户类型最少。

私家车用户跨站用户占比最低，主要由于私家车行驶路线相对固定，且充电频次较低，平均跨站 16.51 座，其中跨站 2~5 座的用户占比最高（图 2-22）。

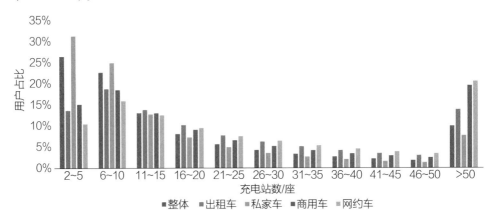

图 2-22　不同类型用户跨充电场站分布情况

（四）不同区域跨场站充电特征

由于南方的充电场站数量和充电需求均高于北方，南方的跨站用户占比94%高于北方的91%，平均跨站数南方是北方的1.4倍，最多跨站数南方是北方的2倍（表2-26）。

表2-26　不同区域跨场站充电特征

区域	跨站用户占比（%）	平均跨站数	最多跨站数
北方	91	14.39	213
南方	94	20.17	434

从不同区域跨站用户占比看，南方整体跨站用户数量多于北方。北方跨15座以下场站用户占比达68.5%，其中跨2~5座场站用户占比相较南方高出7个百分点。而跨11座以上场站用户占比南方逐渐高出北方，其中跨50座以上场站用户占比南方高于北方5个百分点（图2-23）。

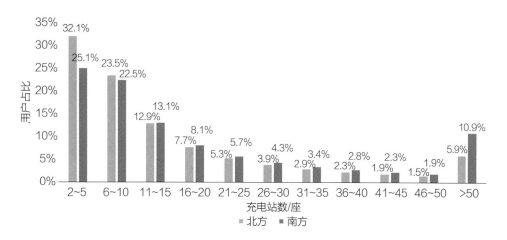

图2-23　不同区域用户跨充电场站分布情况

九、跨城市充电特征

（一）用户整体跨城市充电特征

38.5% 的用户具有跨城市充电行为，较 2022 年的 23% 提升 15 个百分点，随着电动汽车续驶里程逐步提升，以及充电基础设施愈加完善，用户跨城需求日益增加。跨城用户平均跨城 1.94 个，最多跨城数达 65个（表 2-27）。

表 2-27　跨城市充电特征

分类	跨城用户占比（%）	平均跨城数	最多跨城数
整体	38.5	1.94	65

从跨城率看，跨 2 个城市用户占比 48.7%，比 2022 年降低 14 个百分点；跨 4~5 个城市用户占比相较 2022 年提升 3 个百分点；跨 6 个及以上城市用户占比达 12.6%，比 2022 年提升 6 个百分点。由此可见，电动汽车远途出行需求进一步旺盛，跨 4 个以上城市成为常态，仍需强大的能源补给网络作为基础保障（图 2-24）。

（二）节假日与非节假日跨城市充电特征

非节假日中，工作日与周末的跨城用户占比和平均跨城数无明显差异，仅从数据来看，最多跨城数量周二相比其他日期略多（表2-28）。

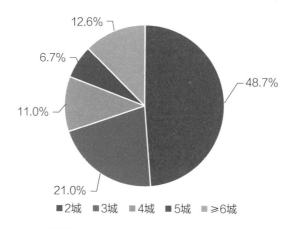

12.6%
6.7%
11.0%
48.7%
21.0%

■2城 ■3城 ■4城 ■5城 ■≥6城

图2-24 用户整体跨城市充电分布情况

表2-28 非节假日跨城市充电特征

类型	跨城用户占比（%）	平均跨城数	最多跨城数
周一	24.6	1.44	27
周二	24.4	1.44	32
周三	24.6	1.45	29
周四	24.1	1.44	28
周五	24.9	1.45	28
周六	24.8	1.45	24
周日	24.5	1.43	28

从节假日来看，跨城用户占比最高为五一期间，且平均跨城数最多。受季节因素影响，五一期间自驾新能源车旅行的人数较多，跨城旅游需求最为旺盛（表2-29）。

表 2-29 节假日跨城市充电特征

类型	跨城用户占比（%）	平均跨城数	最多跨城数
元旦	14.1	1.22	8
春节	18.4	1.28	13
五一	23.5	1.38	12
端午	13.1	1.16	8
中秋	16.5	1.23	8
十一	13.9	1.21	10
其他	37.0	1.89	63

（三）不同类型用户跨城市充电特征

商用车用户因城际快运及货运业务需要，跨城用户占比高于其他类型用户，达65.4%，比2022年多13个百分点，平均跨站数3.58个，也位居所有类型用户之首（表2-30）。

私家车用户在休息日、节假日有出城旅游需求，跨城用户占比为44.4%，平均跨站数和最多跨站数仅次于商用车。

网约车用户由于营运范围较广，城际间送客场景相比出租车多，因此跨城用户占比超出租车用户约14个百分点。

表 2-30 不同类型用户跨城市充电特征

分类	跨城用户占比（%）	平均跨城数	最多跨城数
整体	38.5	1.94	65
出租车	32.8	1.61	52
私家车	44.4	2.22	59
商用车	65.4	3.58	65
网约车	46.6	2.10	57

从跨城数量看，出租车和网约车超 70% 用户跨 2~3 座城市；商用车 41% 用户跨 5 座以上城市，其中跨 6 座及以上城市用户占比达 31%，是其他类型用户的 3 倍，这是由于出租车和网约车运营范围有限，商用车多属于长途物流运输，跨城数量相对较多（图 2-25）。

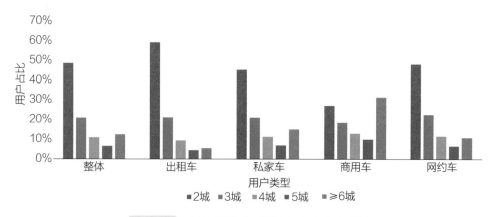

图 2-25 不同类型用户跨城市充电分布情况

（四）不同区域跨城市充电特征

由于南方城市交通网络及充电基础设施较为发达，南方的跨城用户占比高于北方，南方的平均跨城数和最大跨城数也明显高于北方（表 2-31）。

表 2-31 不同区域跨城市充电分布情况

区域	跨城用户占比（%）	平均跨城数	最多跨城数
北方	20.4	1.30	28
南方	42.8	2.09	62

从不同区域跨城用户占比看，北方跨 2 城用户占比大幅超过南方 27.5 个百分点。南方跨 3 城以上用户占比则超过北方，其中南方跨 4 城以上用户占比超过 30%，北方仅将近 10%；南方跨 6 城及以上用户占比大幅超越北方 11.3 个百分点（图 2-26）。

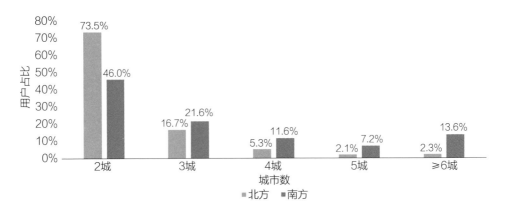

图2-26 不同区域用户跨城市充电分布情况

（五）不同城市群跨城市充电特征

从城市群来看，2023年跨城充电次数最高的是粤港澳大湾区城市群，长三角城市群下降至第二，成渝城市群与2022年持平。

跨城市充电交易次数全面超过2022年，粤港澳大湾区城市群发生跨城充电交易次数一年内超过141万次，是2022年的6倍；长三角城市群跨城充电交易次数是2022年的4倍；成渝城市群跨城充电交易次数是2022年的2.7倍（图2-27）。

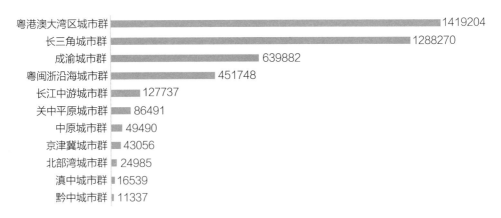

图2-27 用户跨城市群充电交易次数

十、充电前后车辆 SOC 特征

2022—2023 年，电动汽车充电开始和结束的负荷状态 SOC 的数据与 2021—2022 年稍有变化。2022—2023 年，37.1% 的用户选择在电池 SOC 低于 30% 时开始充电，相较于 2021—2022 年 62% 的用户占比，数据大幅下降，表明随着充电基础设施网络进一步完善，以及设施点位布局的加密优化，用户的 "里程焦虑" 有所缓解；53% 的用户选择在电池 SOC 低于 40% 时开始充电。

75.2% 的用户在 SOC 高于 80% 时停止充电，相比 2022 年的 91%，出现明显下降，而选则将电池充满的用户占比为 47.1%，不同季节、不同城市、不同类型用户对车辆充电起始 SOC 和结束 SOC 无明显影响。

2023

中国电动汽车用户充电
行为研究报告

第三章
典型城市用户充电行为特征

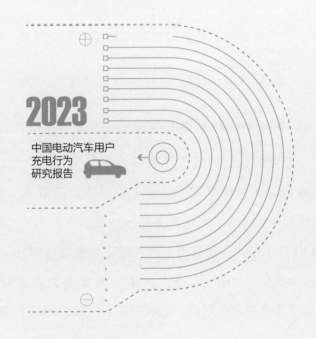

2023

中国电动汽车用户
充电行为
研究报告

03

一、采用分时电价机制典型城市

采用分时电价机制的典型城市有：北京市、成都市、广州市、上海市、深圳市、武汉市、西安市。

（一）0:00—24:00 充电时段特征

采用分时电价机制的城市充电量分布略有不同。深圳市 0:00—7:00 为充电高峰区间，大幅度高于其他城市。除武汉市外，其他城市 7:00—11:00 整体趋势接近，为充电低谷时段。武汉市 8:00—14:00 为充电低谷时段。11:00—13:00，北京市、武汉市充电量缓慢回升，其他城市充电量快速回升。12:00—16:00 是上海市、西安市充电高峰时段，14:00—16:00 是武汉市充电高峰时段，13:00—15:00 广州市、深圳市、成都市充电量逐步下降。17:00—19:00 各城市充电需求逐步下降，19:00 以后趋于平稳。22:00 以后，由于电价下降，用户充电量再一次攀升直到次日凌晨1:00，深圳市、广州市从 0:00 以后充电量开始回升，北京市 0:00 达到充电量最高峰。分时电价城市分时段充电量分布如图3-1所示。

（二）快、慢充电桩使用特征

采用分时电价机制的各城市中，整体来看，除武汉市外，用户使用直流桩比例基本高于90%，其中西安市最高，达到98.5%。武汉市用户选择交流桩占比略高，达到11%。深圳市用户选择交流桩占比，较2022年低4个百分点（表3-1）。

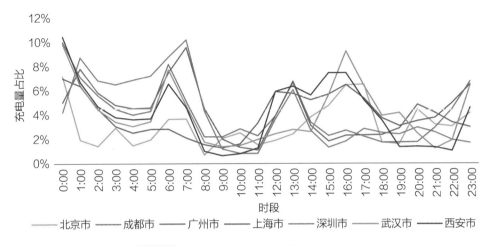

图3-1　分时电价城市分时段充电量分布

表3-1　分时电价城市交流、直流桩使用特征

城市	交流桩选择率（%）	直流桩选择率（%）
北京市	5.8	94.2
成都市	3.2	96.8
广州市	1.9	98.1
上海市	2.7	97.3
深圳市	5.9	94.1
武汉市	11.1	88.9
西安市	1.5	98.5

（三）充电设施功率使用特征

在采用分时电价机制的城市中，120~150kW为充电设施建设和用户使用的主流功率（图3-2、图3-3）。其中，成都和西安依旧突出，占比

分别为 66.2% 和 58.9%，较 2022 年略有提升。而对于北京、上海、武汉等新能源基础设施建设规划较为完善的城市，除了快充桩以外，<30kW 的充电设施建设比例也较高，分别为 30.7%、18.2%、22.1%，但较 2022 年有所下降。

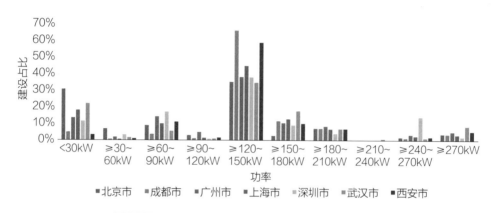

图 3-2　分时电价城市不同功率充电设施建设占比

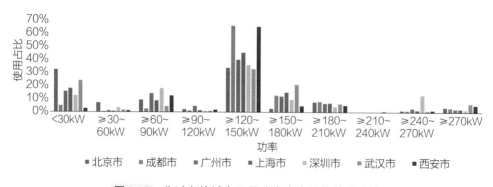

图 3-3　分时电价城市不同功率充电设施使用占比

（四）充电场所使用特征

分时电价特征对于城市建设充电设施没有显著影响，但从调研城市来看，充电设施建设和使用主要集中于公共机构和大型建筑配建停车场。

　　武汉市在大型建筑停车场建设充电设施比例达到50%；成都市在公共机构的充电设施建设和使用占比分别为39.8%和51.1%（图3-4）；北京市在居民区和写字楼的充电设施建设比例高于其他城市，占比分别为24.8%和13.4%（图3-5），写字楼充电设施使用占比达31.7%；西安市在交通枢纽和企事业单位的充电设施建设比例高于其他城市，占比分别为7.7%和11.1%。

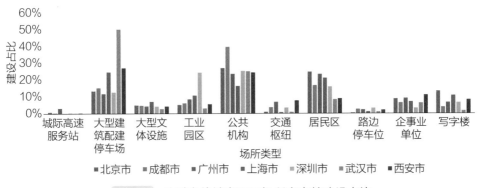

图3-4　分时电价城市不同场所充电桩建设占比

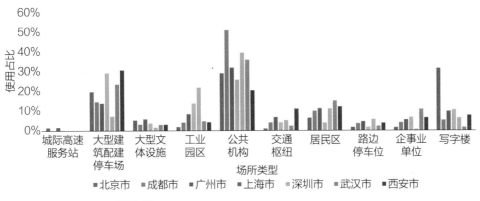

图3-5　分时电价城市不同场所充电桩使用占比

二、未采用分时电价机制典型城市

未采用分时电价机制的典型城市有：沈阳市、海口市、杭州市、柳州市、南京市。

（一）0:00—24:00 充电时段特征

未采用分时电价的典型城市由于环境、经济、生活规律的不同，充电趋势差异明显。

0:00—2:00 时间段为海口市的充电最高峰区间。

2:00—5:00 时间段，海口市的充电量也明显高于其他城市。

5:00—9:00 时间段，海口市和柳州市有形成明显的充电高峰。

9:00—12:00 时间段，各城市在充电需求上均逐步上升，其中杭州市在 12:00 达到充电最高峰。

12:00—16:00 时间段，各城市充电需求趋于稳定（图 3-6）。

16:00 以后，海口市和沈阳市充电需求出现大幅回落，其中海口市在 17:00 回落至波谷并持续到 23:00。沈阳市在 21:00 以后充电需求快速上升并在 23:00 达到充电最高峰。杭州市和柳州市在 16:00 以后充电需求趋于平稳，直到 22:00 有所上升。南京市在 20:00 达到充电最高峰。

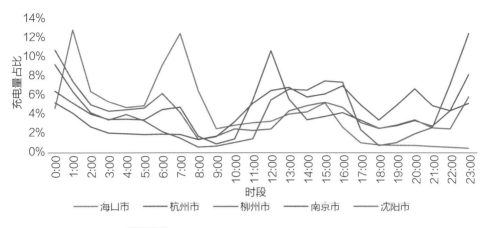

图3-6 非分时电价城市分时段充电量分布

（二）快、慢充电桩使用特征

整体来看，未采用分时电价机制的各城市中，交、直流充电桩选择率差异不大。杭州市用户选择使用交流桩比例高于其他城市。沈阳市用户选择使用直流桩比例相较2022年低2个百分点（表3-2）。

表3-2 非分时电价城市交流、直流桩使用特征

城市	交流桩选择率（%）	直流桩选择率（%）
海口市	3.3	96.7
柳州市	4.2	95.8
杭州市	13.3	86.7
南京市	3.3	96.7
沈阳市	3.2	96.8

（三）充电设施功率使用特征

未采用分时电价机制的各城市中，不同功率的充电设施建设差异明显，导致用户对于不同功率充电设施的使用率也有变化。

<30kW 充电桩，柳州市保持较高的建设和使用水平，分别达到24.4%和26.7%（图3-7）。

60~90kW 充电桩，南京市建设占比和使用占比较高，分别为26.3%和28.5%，海口市和沈阳市建设和使用保持较低水平，与其他城市差距明显（图3-8）。

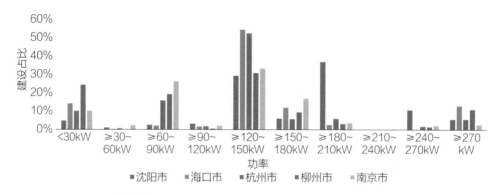

图3-7 非分时电价城市不同功率充电设施建设占比

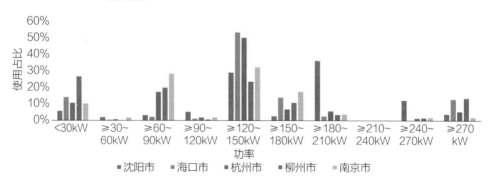

图3-8 非分时电价城市不同功率充电设施使用占比

120~150kW 充电桩，在各城市中建设占比和使用占比最高。海口市和杭州市建设占比和使用占比均超过50%。

对于 180~210kW 和 240~270kW 大功率充电设施，沈阳市充电建设占比分别达37%和10.7%，其使用占比达到36.3%和12.1%，位居调研城市首位。

>270kW 充电桩，海口市和柳州市建设占比和使用占比位居前列。

（四）充电场所使用特征

未采用分时电价城市的充电设施建设主要集中于公共机构和大型建筑配建停车场。

其中，沈阳市和海口市的公共机构充电设施建设占比分别为53.4%和42.3%（图3-9），用户在公共机构使用充电设施占比均为55.4%（图3-10）。

柳州市的企事业单位充电设施建设占比达35.1%，用户使用企事业单位充电设施占比达36.3%。

杭州市的写字楼充电设施建设占比达7.2%，用户使用写字楼充电设施占比达11.7%。

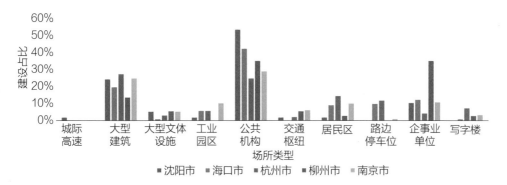

图3-9　非分时电价城市不同场所充电设施建设占比

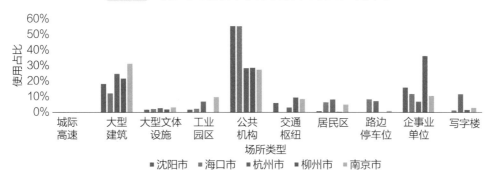

图3-10　非分时电价城市不同场所充电设施使用占比

三、下沉市场用户公用充电行为特征

下沉市场典型城市有：六盘水市、泸州市、秦皇岛市、宜宾市、枣庄市。

（一）0:00—24:00 充电时段特征

下沉市场城市充电趋势差异明显（图 3–11）。

4:00—6:00 时段，六盘水市迎来第一个充电高峰。

5:00—7:00 时段，秦皇岛市迎来第一个充电小高峰。

10:00—14:00 时段，枣庄市的充电量明显高于其他城市，在 13:00 迎来一天中充电最高峰，之后充电量持续回落至 20:00。

12:00—14:00 时段，六盘水市迎来第二充电高峰。

14:00—16:00 时段，泸州市形成明显的充电高峰，形成一天中的充电量最高峰；秦皇岛市迎来一天中充电最高峰。

8:00—13:00 时段，各城市在充电需求上均逐步上升。

21:00—23:00 时段，宜宾市和枣庄市充电量出现明显回升。

0:00 为宜宾市一天中的充电最高峰。

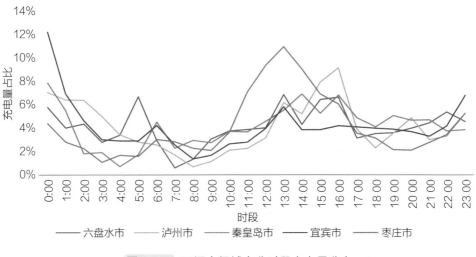

图3-11 下沉市场城市分时段充电量分布

（二）快、慢充电桩使用特征

下沉市场调研的各城市中，90%以上用户选择直流充电桩。泸州市、秦皇岛市用户选择交流充电桩比例高于其他城市（表3-3）。

表3-3 下沉市场各城市交流、直流充电桩使用特征

城市	交流桩选择率（%）	直流桩选择率（%）
六盘水市	1.4	98.6
泸州市	8.5	91.5
秦皇岛市	7.3	92.7
宜宾市	2.1	97.9
枣庄市	1.7	98.3

（三）充电设施功率使用特征

下沉市场调研城市充电设施功率以＜30kW、≥60～90kW、≥120～150kW居多。其中，秦皇岛市＜30kW充电桩建设占比与使用占比均超过

60%（图3-12）。

　　六盘水市、泸州市、宜宾市60～90kW充电桩建设占比分别为36.5%、53.1%、31.2%，使用占比分别为39.4%、79.8%、45.4%，反映出该功率范围充电桩使用水平较高。

　　宜宾市、枣庄市120～150kW充电桩建设占比均超过60%，使用占比分别为47.5%和45.2%（图3-13）。

　　枣庄市>270kW充电桩使用水平较高，虽然建设占比为9%，但使用占比达16.8%，远高于其他城市。

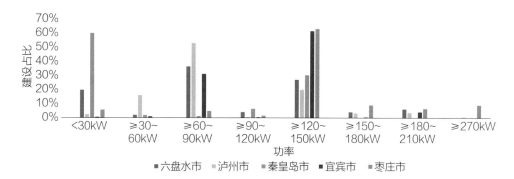

图3-12　下沉市场城市不同功率充电设施建设占比

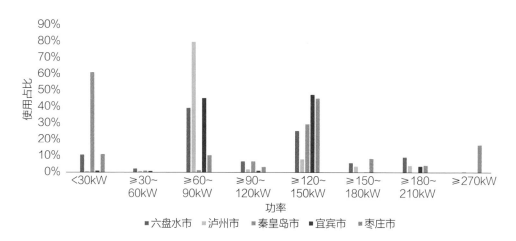

图3-13　下沉市场城市不同功率充电设施使用占比

（四）充电场所使用特征

下沉市场调研城市的充电桩建设主要集中于大型建筑配建停车场和居民区。其中，秦皇岛市、宜宾市、枣庄市的大型建筑停车场充电设施建设占比均超过20%（图3-14），但宜宾市和枣庄市充电设施使用占比仅为5.7%和12.1%，反映出充电桩利用水平相对较低（图3-15）。

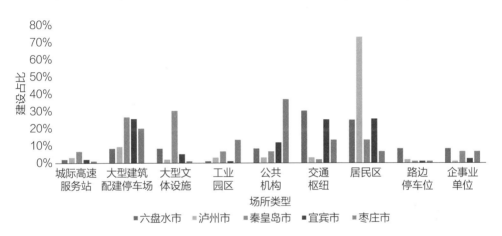

图3-14　下沉市场城市不同场所充电设施建设占比

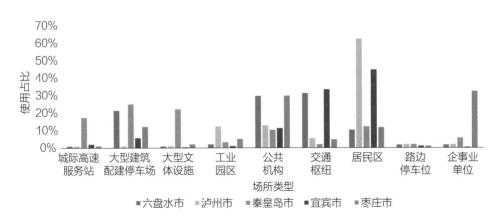

图3-15　下沉市场城市不同场所充电设施使用占比

秦皇岛市在大型文体设施的充电设施建设和使用方面维持较高水平，占比分别为30.3%和22.1%，同时，城际高速服务站充电设施使用占比达17.4%，远高于其他城市。

六盘水市、宜宾市的交通枢纽充电设施建设占比分别达30.3%和25.2%，充电设施使用占比分别为31.3%和33.4%，利用率处于较高水平。

泸州市的居民区充电设施建设占比达73.1%，使用占比达62.4%，远高于其他城市。

第四章
典型场景用户充电行为特征

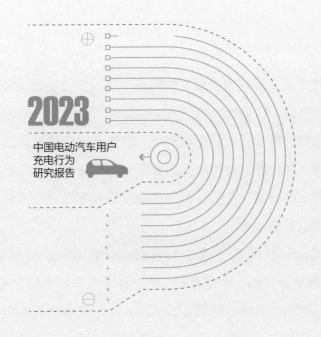

2023

中国电动汽车用户
充电行为
研究报告

04

一、高速服务区用户充电行为特征

（一）用户整体充电特征

针对高速公路"充电难"的痛点，我国提出要加快补齐重点城市之间路网充电基础设施短板，强化充电线路间有效衔接，打造有效满足电动汽车中长途出行需求的城际充电网络。新建高速公路服务区要同步建设充电基础设施，加快既有高速公路服务区充电基础设施改造，推动具备条件的普通国省干线公路服务区（站）因地制宜科学布设充电基础设施，强化公路沿线充电基础服务。

2023 年中秋国庆"双节"假期内，全国高速公路累计总流量达到 4.87 亿辆次；其中，选择驾驶、乘坐纯电汽车的出行规模，超过 2000 万辆次，日均充电需求达到 260 万辆次，大部分电动汽车用户面临至少一次的高速充电需求。高速公路充电场景呈现明显的潮汐特征，节假日充电需求集中爆发，但日常充电桩使用率偏低。

从用户整体充电特征看，高速公路场景下平均充电量 21.7kW·h，平均充电时长 41.3min，平均充电功率 31.9kW（表 4-1）。

表 4-1 高速服务区用户充电特征

平均充电量/kW·h	平均充电时长/min	平均充电功率/kW	日充电频次	周充电频次
21.72	41.25	31.90	1.14	1.73

（二）0:00—24:00 充电时段特征

从高速公路 24 小时充电量趋势看，有三个高峰时段，分别是 5:00—7:00、11:00—13:00、22:00—次日 0:00。

5:00 以后高速通行车辆逐渐增加，6:00 左右高速服务区充电量迎来第一个高峰。

11:00 以后车辆陆续进入补能休整阶段，12:00 左右迎来第二个充电高峰。

晚间 22:00 以后充电价格逐渐步入低谷时段，很多车主选择在这一时段充电补能，0:00 左右为第三个充电高峰（图 4-1）。

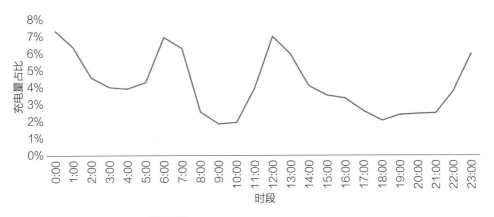

图 4-1　高速公路分时段充电量分布

（三）不同类型用户充电特征

高速公路场景下，私家车、商用车、网约车充电特征较为一致，5:00—7:00、11:00—13:00、23:00—次日 0:00 为三个充电高峰时段。商用车在 6:00—9:00 时段充电用户占比高于其他类型用户，出租车充电高峰时段较长，分别是 23:00—次日 7:00 和 12:00—16:00（图 4-2）。

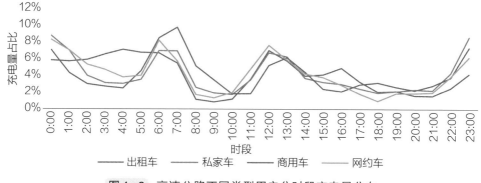

图4-2 高速公路不同类型用户分时段充电量分布

（四）充电设施功率使用特征

从高速公路充电设施功率看，大功率充电设施因充电效率高成为高速公路沿线及服务区布局建设的主流选择。

其中，120～180kW 充电设施的建设和使用水平较高，比例分别为52.8%和57.3%。60～90kW 直流充电设施建设形成一定规模，占比为20.6%（图4-3）。

高速公路沿线及服务区对于 >270kW 充电设施也进行了一定比例建设，占比为12.1%，但使用水平略低，占比为7.4%。

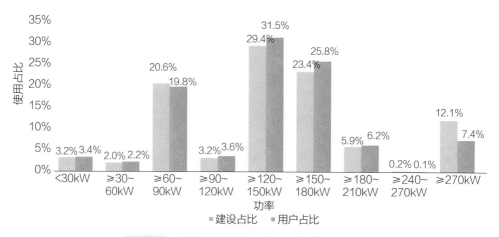

图4-3 高速公路不同功率充电设施使用占比

二、社区用户充电行为特征

（一）用户整体充电特征

在加快推进居住社区的充电桩建设过程中，"统建统服"是做好社区充电服务的关键一步。针对当前普遍存在的电力容量不够又不具备太大改造空间的既有社区，以社区公共充电服务为主，统一划设一定数量的充电专用车位，统一开展充电设施的建设和运营。

近两年，国家要求新建居住区严格落实充电基础设施配建要求，确保固定车位按规定 100% 建设充电基础设施或预留安装条件。

从用户整体充电特征看，相比高速公路、商业区等场景，社区平均充电时长更长，达 49min；平均充电量达到 25kW·h；周充电频次相对较高，超过 2 次（表 4–2）。

表 4-2　社区用户充电行为特征

平均充电量/kW·h	平均充电时长/min	平均充电功率/kW	日充电频次	周充电频次
25.17	49.07	30.83	1.14	2.11

（二）0:00—24:00 充电时段特征

社区充电有三个高峰时段，分别是 5:00—7:00、11:00—13:00、22:00—次日 0:00（图 4-4）。社区电动汽车充电的特征为集中在夜间和上班前充电，通常居民下班回家后开始充电，早晨上班前车辆充满电。

11:00—13:00 虽然为社会用电高峰期，但与车主集中充电的行为相交。由于峰谷差价在部分城市仍不明显，因此车主还未养成在电价较为便宜的低谷时间进行充电的习惯。

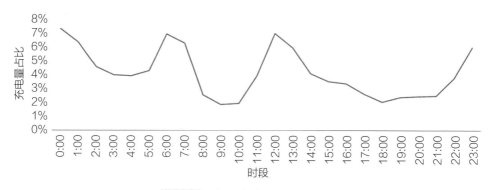

图 4-4　社区分时段充电量分布

（三）不同类型用户充电特征

社区场景下，私家车、商用车、网约车充电特征较为一致，5:00—7:00、11:00—13:00、23:00—次日 0:00 为三个充电高峰时段。商用车在 6:00—9:00 时段充电用户占比高于其他类型用户，出租车充电高峰时段较长，分别是 23:00—次日 7:00、12:00—16:00（图 4-5）。

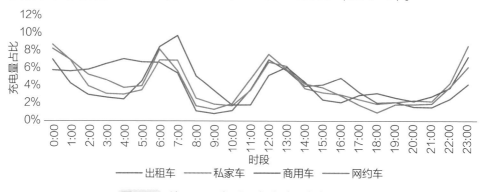

图 4-5　社区不同类型用户分时段充电量分布

（四）充电设施功率使用特征

社区公共充电设施建设以 <30kW、60 ~90kW、120 ~150kW 三个功率范围为主流。近两年，国家提出对新建居住区落实充电基础设施配建要求，同时直流充电桩加速建设，120 ~150kW 充电桩建设和使用比例最高，分别为 37.5% 和 34.4%（图 4-6）。

对于部分电力容量不够又不具备太大改造空间的社区，<30kW 交流充电桩和小直流充电桩是满足电动汽车用户出行的重要基础设施，建设占比和使用占比分别为 23.6% 和 27.7%，相比大功率直流充电桩，这两类充电桩购买和安装成本较低，安装的需求条件较为简单。150kW 以下充电设施建设占比和使用占比分别为 86.3% 和 86.7%。

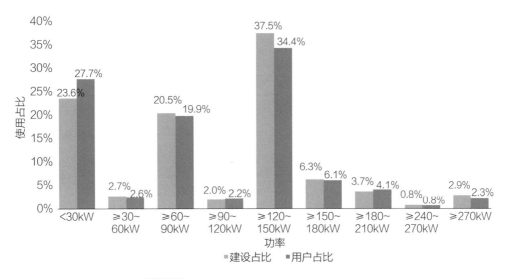

图 4-6　社区不同功率充电设施使用占比

2023

中国电动汽车用户充电
行为研究报告

第五章
用户公共充电满意度研究

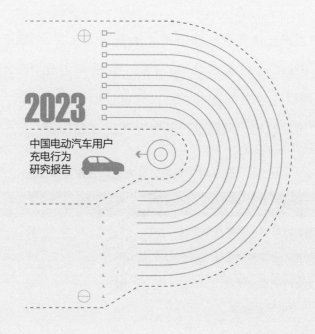

2023

中国电动汽车用户
充电行为
研究报告

05

一、用户充电满意度及改善情况

本次用户充电满意度调研共收集有效问卷共计 2680 份，其中私家车占比 39.6%，网约车占比 36.4%，出租车占比 16.3%，商用车占比 7.7%。调研内容围绕充电 App、充电过程、充电场站、充电费用、公共充电五个维度的相关问题进行满意度调研（表 5-1）。

表 5-1　用户公共充电满意度整体情况

选项	满意（%）	一般满意（%）	不满意（%）
充电 App 信息展示清晰准确性	79	19	2
充电安全性与稳定性	88	9	3
充电网络建设完善性	63	35	2
充电场站管理	56	37	7
充电场站配套服务设施	58	41	1
充电及服务费用合理性	56	34	10
市区内公共场所充电	49	45	6
社区公用充电桩充电	46	41	13
高速公路充电	29	41	30

其中，越来越多的新能源车主选择使用充电 App 找桩充电，79% 新能源车主对充电 App 信息展示清晰准确性持满意态度。

在充电过程中，88%车主对充电安全性与稳定性比较放心，超过63%车主对充电网络的建设完善性比较满意。

对于公共充电场站的评价，56%的车主对充电场站管理比较满意，58%的车主对充电场站配套服务设施较为认可，56%的车主认为充电费用及服务费设置相对合理。

值得关注的是，29%的车主对于高速公路充电持不满意态度，市区内公共场所充电、社区公用充电桩充电的满意率不到50%，这些场景中的充电基础设施建设和充电服务体验仍需进一步提升。

二、用户充电主要问题

（一）充电 App 选择原因分析

大多数新能源车主选择充电 App 时，会倾向使用充电便利、覆盖范围广、价格合理的应用程序。根据调研结果显示，影响用户选择一款充电 App 最主要的原因是充电站覆盖少，占 77.4%。超过一半的车主认为合作运营商少或充电桩位置不准确的 App 阻碍他们日常充电。另外，信息更新不及时、不详细等也是希望充电应用开发商们应该重视的问题（图 5-1）。

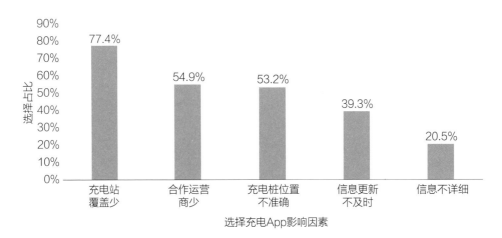

图 5-1　影响用户选择充电 App 的主要因素

（二）充电场站选择原因分析

新能源车主在选择充电场站时，充电桩覆盖度和充电便利度、品牌市场口碑、充电价格是最为优先考虑因素（图5-2）。

其中，大部分车主会优先考虑充电桩覆盖度和充电便利度，占比达71.9%；超过半数车主会注重品牌知名度和市场口碑；43.8%的车主对于充电价格更为关注；36.9%的车主倾向于选择经过权威机构星级评价的充电场站。

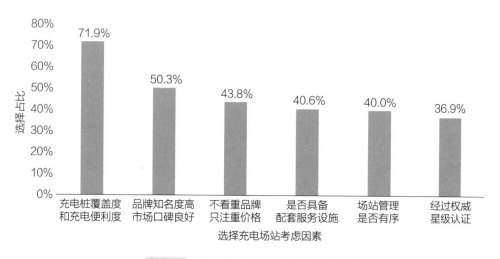

图5-2　选择充电场站的优先考虑因素

（三）充电过程相关问题分析

在新能源充电场站中进行充电时，对于充电安全与稳定性方面，71.2%的用户对充电设备电压、电流不稳定问题较为关注（图5-3）。

其次，对于设备是否存在漏电隐患、充电中途会不会意外断电等隐患，都有一半以上的车主产生顾虑。受场站周边缺少消防安全设施、带电拔枪保护措施失灵两方面因素影响的用户分别占43.9%和27.3%。

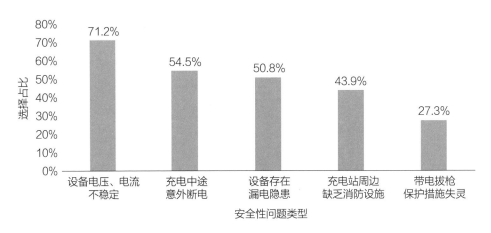

图 5-3 充电安全与稳定性主要问题

在充电网络建设完善性方面，70.6% 的用户认为充电网络覆盖度低的问题较为突出，超一半用户认为快充网络覆盖不足，充电网络建设需进一步完善（图 5-4）。

其他不满意的问题主要包括大功率充电设施不足（47.8%）、充电网络服务半径不满足需求（46.7%）、充电站点布局不合理（45.2%）、优质充电设施数量不足（44.0%）、车辆集中区域布局少（29.3%）。

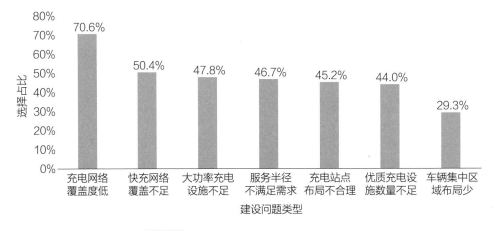

图 5-4 充电网络建设完善性主要问题

（四）充电场站管理相关问题分析

对于充电场站的管理工作仍有待提升，不满意用户反馈的问题主要集中在燃油车和充满电的车辆占位、场站设施缺乏维护、场站内无人值守、场站环境管理缺失、充电时插队/抢位、场站内缺乏充电指引、线上客服无人接听等7个方面（图5-5）。

79.2%的用户认为燃油车占位是首要问题，严重困扰用户的正常使用；67.5%的用户认为充电设备缺乏日常维护，时常遇到设备磨损、老化失效等问题；46.7%的用户反映遇到了充电过程中缺乏人员值班看守的问题；46.4%的用户认为充电场站环境管理缺失；此外，充电时插队/抢位、场站内缺乏充电指引、线上客服无人接听等其他场站管理问题也同样引发了关注。

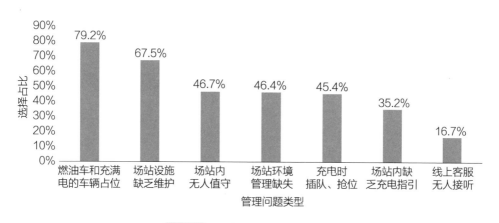

图5-5 充电场站管理调研结果

进一步分析用户对充电场站配套设施的需求，主要分为服务、餐饮零售及车后三大类。

在服务方面，用户核心需求包括充电场站配备卫生间、休息室、遮阳/雨棚、饮用水等，用户对餐饮零售配套设施需求强烈，约45.6%的用户希望场站内设有满足餐食需求的快餐售卖等配套；32.1%的用户希望场站内配套自动售货机、快递收货柜等服务设施（图5-6）。

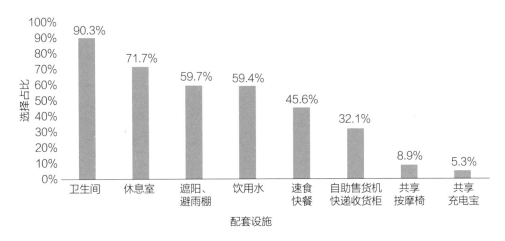

图5-6 充电场站配套设施调研结果

另外，用户还希望充电场站配备共享按摩椅、共享充电宝、自助洗车工具、汽车保养、维修等服务设施。

（五）充电费用（及服务费）合理性分析

在充电费用（及服务费）的合理性方面，问题主要集中在充电费用过高、服务费用过高、优惠活动说明不翔实三个方面。

在调研的用户中，74.0%的用户认为充电过程中服务费用过高；64.6%的用户认为充电费用过高；39.9%的用户认为充电过程中优惠活动说明不翔实。另外，充电费用不透明、费用规则不清晰等问题也成为用户不满意的困扰问题（图5-7）。

针对充电服务费上涨，79%的车主表示会或多或少地减少用车出行频率，其中38.5%的车主会明显减少用车出行频率，40.5%的车主选择适当减少。另有将近21%的用户表示不会减少。由此可见，充电服务费上涨会明显影响车主用车出行频率，因此充电运营商在调整充电价格时，需综合考虑经营成本、市场环境、车主承受能力等因素做出适当调整（图5-8）。

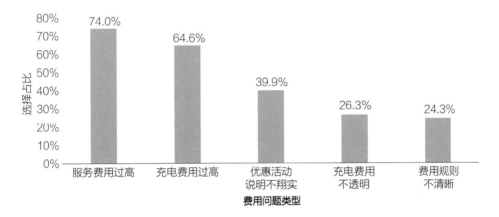

图5-7 充电费用（及服务费）合理性调研结果

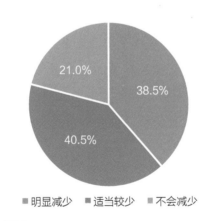

图5-8 充电费用上涨对用车出行频率的影响

同时，充电服务费上涨也会影响用户充电行为，其中48.2%的车主选择错峰充电，30.3%的车主会选择距离较远但有价格优惠的充电桩进行充电。此外，另有18.9%的车主会考虑安装私人充电桩，减少公共充电行为，以降低充电费用成本。仅2.7%的车主不会受充电服务费上涨影响（图5-9）。

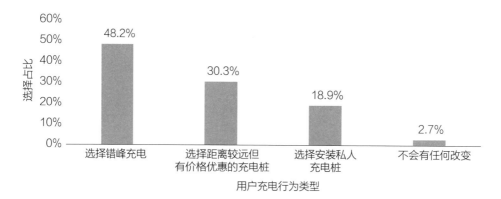

图5−9 充电服务费上涨对用户充电行为影响

（六）充电设施布局相关问题分析

调研结果发现，对于公共充电设施的建设布局，大多数充电需求为"目的地"充电，超过76.3%的车主希望公共充电桩建在社区周围，分别有54.7%和45.8%的车主希望建在工业园区和办公区域（图5−10）。

另外，有50%以上的新能源车主希望在购物中心周边区域方便充电，选择在其他娱乐场所、旅游景点布局充电的调研车主比例分别达到20.3%和36.8%。在一些特殊场景或目的地间充电需求，比如交通枢纽、货运场站、高速服务区中，占比较大的为高速服务区，为43.9%。

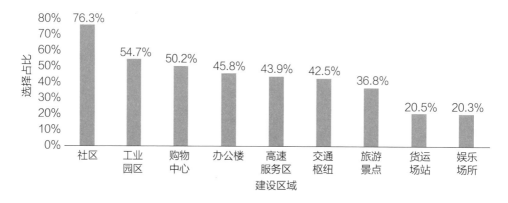

图5−10 公共充电设施布局区域选择调研结果

三、典型充电场景主要问题

（一）社区公用充电桩充电

对比新能源车主不同充电需求，本报告重点关注社区公共充电和高速公路充电的相关问题，发现关注度较高的集中在充电桩位置便利性、充电桩数量、快充桩数量三个方面（图5-11）。

社区充电场景充电桩位置的便利性是车主最关心的问题，能否有效缓解社区充电压力，取决于需电网、设备商、开发商和社区管理者多方共同发力的结果。

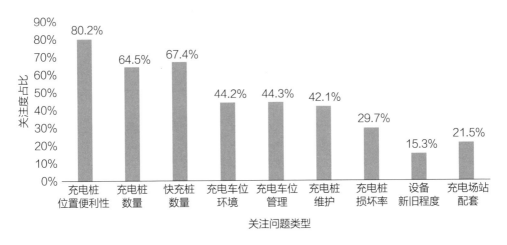

图5-11 社区公共充电重点关注问题调研结果

（二）高速公路充电

2022 年的调研结果显示，越来越多的新能源车主以及新能源车意向客户都表示，高速公路充电问题得不到有效改善，将成为选择新能源车出行的最大阻碍。

2023 年调研结果显示，高速公路充电的重点建设及保障工作效果显著，有 40% 的车主认为有明显改善，但有 49.4% 认为有改善但不明显（图 5 –12）。

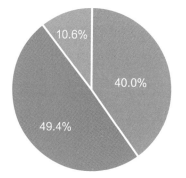

图 5–12　高速公路充电改善满意度调研结果

在高速公路充电场景，新能源车主更倾向于使用快充进行中途补电，快充桩数量不足的问题亟待解决。超过 60% 的用户对于充电桩位置的便利性和数量比较关注；有 41% 左右的用户对于充电车位管理和充电桩维护较为关心；用户在关注设备新旧程度和充电场站配套问题的比例分别为 16.8% 和 16.4%，表现出对于这类问题关注度不高（图 5 –13）。

高速公路充电主要问题的调研结果如图 5 –14 所示，对此，广大新能源车主提出以下建议：①充电排队等待时间不要过长；②增加快充桩数量，提高充电效率；③合理调整充电价格；④定期维护充电桩；⑤完善配套服务设施；⑥严格管理场站环境。

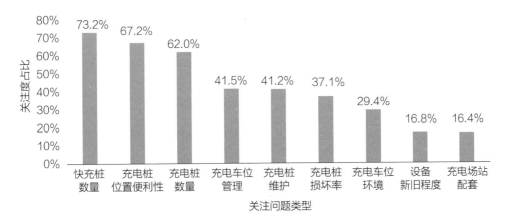

图5-13　高速公路充电用户重点关注问题调研结果

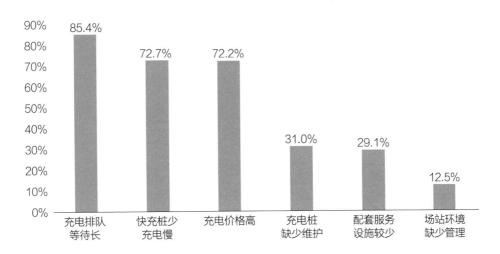

图5-14　高速公路充电主要问题的调研结果

2023

中国电动汽车用户充电
行为研究报告

第六章
新能源汽车充电
及出行碳积分创新应用

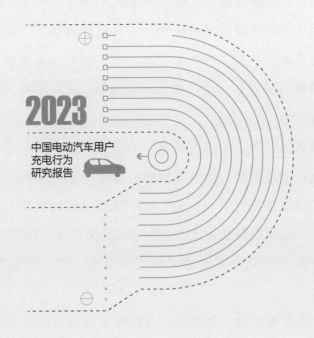

2023

中国电动汽车用户
充电行为
研究报告

本报告针对新能源车主参与碳普惠活动情况进行了系统性调研分析，旨在通过洞察用户绿色减碳行为，为各地政府部门、企业进一步开发和完善碳普惠激励机制，探索多元化、可持续的碳普惠创新模式，引导全民提升节能减碳意识，主动参与绿色消费、绿色出行，实现"双碳"目标提供助力。

碳普惠是以生活消费为场景，为公众、社区、中小微企业绿色减碳行为赋值的激励机制，这种机制的目标是鼓励更多的人参与到碳减排活动中来，通过市场化手段，将公众的碳减排行为转化为经济价值。在这种机制下公众及小微企业低碳行为形成的减排量，能够抵消自身碳排放、参与碳交易或转化为其他更为多元的激励，是生活消费端减碳的重要方式。

双碳目标提出后，全国各省市积极参与投入到碳普惠机制体系建设中，2021年以来已有多个省市在政策推动层面提出要发展碳普惠机制。目前，陕西、重庆、河北、天津、湖北、浙江、海南、上海、江苏、广东、江西、北京、宁夏、山东及广州、泸州、深圳、苏州、武汉、青岛等省市纷纷出台碳普惠相关政策文件。其中，海南、上海、天津、深圳、武汉、青岛等地分别出台了碳普惠的详细建设方案及线上平台（表6-1）。

绿色出行是目前开发最为广泛的碳普惠场景机制，也是参与度最高的场景。而在众多细分场景中，新能源汽车相较传统燃油车可以显著降低碳排放量。根据能链智电提供的方法学计算，基于不同的电网区域，新能源汽车每充一 kW·h 电能有效降低碳排放量 0.5~0.8kg。而新能源车车主可以通过新能源车充电及出行获取相对应的碳减排量和碳积分。

表 6-1　已出台碳普惠政策的省市

地区	政策文件
山东省	《山东省碳普惠体系建设工作方案》
青岛市	《青岛市碳普惠体系建设工作方案》
天津市	《天津市碳普惠体系建设方案》《天津市碳普惠管理办法（试行）》
广东省	《广东省碳普惠制试点工作实施方案》《广东省碳普惠交易管理办法》
广州市	《广州市碳普惠自愿减排实施办法》
深圳市	《深圳碳普惠体系建设工作方案》《深圳市碳普惠管理办法》
上海市	《上海市碳普惠体系建设工作方案》《上海市碳普惠管理办法（试行）》
成都市	《成都市人民政府关于构建"碳惠天府"机制的实施意见》《成都市深化"碳惠天府"机制建设行动方案》
河北省	《河北省碳普惠制试点工作实施方案》
海南省	《海南省碳普惠管理办法（试行）》
武汉市	《武汉市碳普惠管理办法（试行）（公开征求意见稿）》

一、碳普惠用户参与度及行为调研

对于"是否听说过'碳普惠'概念或参与过碳普惠活动"的问题，53.36%的用户听说过或者参与过碳普惠及相关活动，说明目前碳普惠的建设已取得了阶段性的成果。46.64%的用户表示没有听说或没有参与过碳普惠活动，说明碳普惠机制作为一个较为新兴的概念，仍需要在宣传、推广等领域开展大量的工作，通过广泛的用户普及，扩大碳普惠影响力（图6-1）。

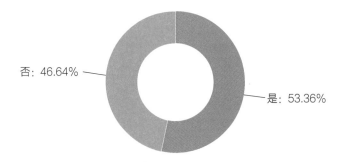

否：46.64%　　是：53.36%

图6-1　用户听说或参与过碳普惠活动整体调研情况

对于"通过哪些方式参与碳普惠活动"的问题，有39%的用户通过小程序方式参与，51%的用户通过 App 参与，而这一比例也最高，说明目前App 作为业务端的线上承载主体，用户基础广泛，碳普惠通过与业务场景的结合也更具使用便利性。通过线下活动参与的用户比例仅占10%，主要原因为目前碳普惠平台都是线上平台，通过线下举办相关活动的频次有限（图6-2）。

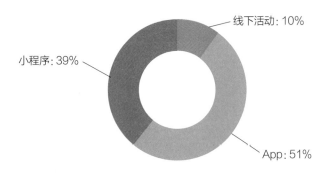

图6-2　用户参与碳普惠活动方式统计

有关"目前碳普惠平台/活动的参与难度如何"的问题，有27.5%的用户认为比较容易，51.6%的用户选择一般，而20.9%的用户认为比较难。这也说明目前碳普惠的平台和活动对公众的整体触达率还不高。后续类似活动在平台建设、活动规划、用户交互、用户体验的设计上都有待提高（图6-3）。

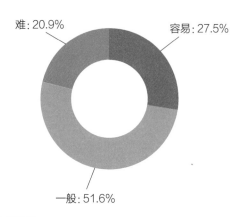

图6-3　用户参与碳普惠活动难易程度调研结果

在"参与过哪些碳普惠场景"的调研中，有66.5%的用户参与过绿色出行场景，39.4%的用户参与过绿色消费场景，27.6%的用户参与过旧物回收场景，28.6%的用户参与过绿色生活场景（图6–4）。

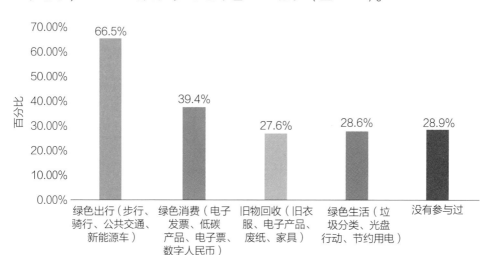

图6–4　用户参与碳普惠场景调研结果

从数据可以看出，由于绿色出行场景的传播和应用较为广泛，所以大多数接触过碳普惠的公众都有过参与经历。而绿色消费场景依托于数字化的建设，随着我国数字产品、数字支付的普及，整体参与度也较高。旧物回收、绿色生活的场景参与程度基本相同，低于前两项，建议在社区、饭店等场所加强碳普惠宣传，举办更多的线下活动，鼓励公众积极参与绿色生活。

通常各碳普惠平台或碳账户平台会根据用户的碳普惠绿色行为及相关方法学来发放碳积分，可用于兑换平台内商品及福利。如图6–5所示，对于"通过碳积分兑换过哪些物品"的问题，有57.5%和62.8%的用户会直接兑换平台的现金抵扣券和优惠券，说明用户更愿意兑换有直接变现价值，且在平台内就能直接消纳碳积分的产品。13.25%的用户选择兑换生活用品，而影视券、购物券、景点门票、美食券、公益捐赠的商品的兑换率均在7%以下。还有18.88%的用户从未使用过碳积分进行兑换。在此也建议各碳普惠、碳账户平台多设计结合用户现实使用场景的激励机制及消费优惠券或现金抵扣券，让用户能便捷地享受通过参与碳普惠活动带来的权益。

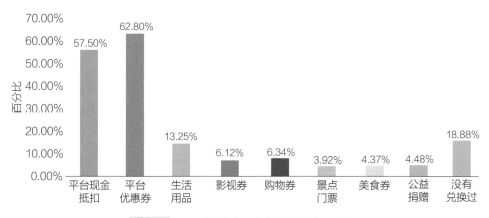

图6-5 用户通过碳积分兑换物品调研结果

围绕"碳普惠对于提高个人和社会低碳意识和行动的作用"的调研问题，有80.19%的用户认为参与此类活动可以增强低碳意识，61.79%的用户认为可以引导低碳行动，62.54%的用户选择可以促进绿色低碳习惯养成，39.44%的用户选择可以推动低碳技术创新，12.2%的用户选择认为可以推动低碳场景的开发。还有18.25%的用户认为可以促进碳中和目标的实现。所以从数据上看，碳普惠对于提高公众和社会低碳意识和参与度具有非凡的意义，对我国实现"双碳"目标贡献深远（图6-6）。

如图6-7所示，在"政府和企业应该如何加强碳普惠的推广和应用"的问题中，有73.96%的用户认为应该加大线上宣传力度，60.82%的用户认为应该开展更多的线下活动，46.72%的用户建议添加更多碳普惠的场景，56.27%的用户建议提供更多的奖励措施，32.46%的用户建议提供更多的碳积分兑换商品，16.57%的用户选择改善平台体验。这也表明政府和企业应当加大对碳普惠的宣传力度，开展举办更多的碳普惠线下活动，让公众能切身体会到碳普惠的参与感和参与乐趣。同时开发更多的碳普惠场景、提供更多的激励措施和可兑换商品。让更多的公众参与到碳普惠的建设中来。

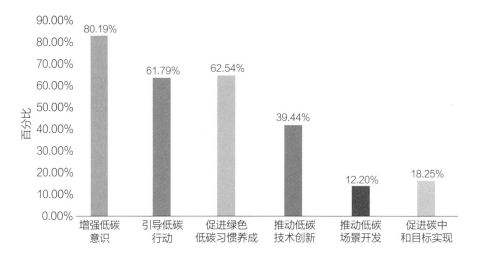

图6-6 碳普惠对于提升全民低碳意识的作用调研结果

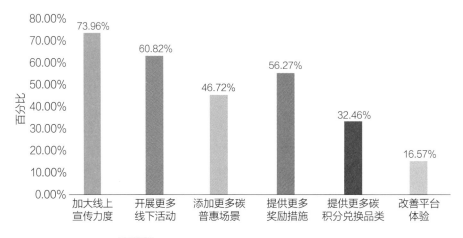

图6-7 加强碳普惠推广和应用的方式统计

二、碳积分创新应用路径及商业模式探索

（一）快电碳账户

2021 年，快电联合战略合作伙伴能链智电上线面向司机车主的"碳账户"，作为行业首个新能源车充电碳普惠平台，车主可通过充电获取碳积分，激励用户参与碳减排。截至 2023 年底，已经有累计超过 59.4 万用户使用碳账户功能。

2022 年，快电参与"北京绿色生活季"等大型碳普惠绿色活动，通过政府、企业、平台有效联动，鼓励更多用户参与碳减排行动。凭借在碳普惠领域的创新实践，快电成功入选《中国碳普惠发展与实践案例研究报告》，引导碳减排从产业端向消费端延伸。2023 年 3 月 12 日是我国第 45个植树节，在国家生态环境部宣教中心指导下，快电 App 与小程序上线"植树月"活动。用户充电后，可以积累充电碳减排量，以碳积分形式存入车主碳账户，并可通过积分榜以及碳积分夺宝形式，赢取一年免费充电、iPhone14 等奖励，此外所有参与活动者，均可获得"节碳英雄勋章"。

2023 年 7 月 12 日是全国低碳日，也恰逢中国第 33 个全国节能宣传周。快电分别携手山西"三晋绿色生活"、四川成都"碳惠天府"、四川泸州"绿芽积分"以及"中信银行信用卡"四大平台，推出各具特色的绿色低碳活动，积极倡导绿色出行，共享低碳生活新福利。

（二）极氪汽车"Z-Green 社区"

极氪汽车于 2022 年 6 月在极氪 App 中上线了 Z-Green 社区，社区承载着与用户共创低碳生活的使命，围绕宣传低碳理念、参与碳普惠行动以及践行低碳公益活动，引领消费者积极主动参与碳中和进程，助力全社会减排。

Z-Green 上线碳减排行动模块，通过"轻养成"类游戏设计，吸引用户开通个人碳账户、通过践行低碳出行行为积累碳减排量、持续在社区倡导和宣传低碳理念，以此获得积分激励，用于车辆充电场景、车辆权益、生活类商品兑换等，实现极氪生态内的碳普惠闭环。在该模块可通过数字科技计算出车主用户驾驶新能源电动车或非车主用户步行较同等运力燃油车产生的碳减排量，完成车控权绑定的用户可以在 Z-Green 中收取系统自动积累的车辆驾驶减排量，直观地看到自己为碳中和做了多少贡献，为了鼓励用户参与到碳减排行动中，开展了减碳周排行榜 PK 赢积分的活动。此外，碳减排行动模块增扩了用户步行减碳场景。在亚运期间，极氪积极响应，开展了集步环保活动，所有极氪 App 用户都可以通过每日集步，解锁亚运门票、限定数藏、勋章等礼品。

Z-Green 每周都会在"减碳速递"周报公布本周低碳前 3 位的用户，促进用户积极参与减排行动，还会从参与减排人数、累计减排数量和一年吸收二氧化碳量三个方面统计减排数据并发布。截至 2023 年 11 月 14 日，在社区参与"碳减排行动"的用户达到 296301 人，累计减排量 94039 吨二氧化碳，相当于 2090 万棵樟子松一年碳汇量。

"碳减排行动"模块的推出体现了极氪作为新能源汽车品牌积极响应国家低碳减排政策、鼓励用户绿色出行、培养用户的低碳生活理念，推动全社会的减排行动，致力于为用户提供更经济、更环保的出行体验。

（三）碳普惠绿色出行与数字人民币

为响应国家"双碳"战略目标，助力国家数字人民币试点工作推进，数金公共服务（青岛）有限公司研发上线了全国首个以数字人民币结算的碳普惠平台"青碳行"App，并实现在上海的展业，落地上线了"沪碳行"App。

"青碳行""沪碳行"碳普惠平台将公众通过地铁、公交、骑行、新能源车出行等低碳出行方式的碳减排行为通过碳普惠方法学对应核算形成碳减排值，采用区块链技术全生命周期实现数据隐私可信存储，以数字人民币作为计价和支付手段，倡导公众践行绿色低碳的生产生活方式。

截至 2023 年 10 月，平台已有近 300 万用户参与到碳普惠中，累计碳减排量达 5 万余吨，开展线上线下绿色低碳活动累计 100 余场次，累计发放低碳权益 1500 余万元，通过将碳普惠发展与数字人民币试点推广相结合，形成了全新的碳普惠商业模式、数字人民币的创新试点场景，以及数字金融、绿色出行和智慧生活协同发展的新模式，在国内绿色出行低碳减排方面形成了较强的示范带动效应。

2023

中国电动汽车用户充电
行为研究报告

第七章
行业发展建议

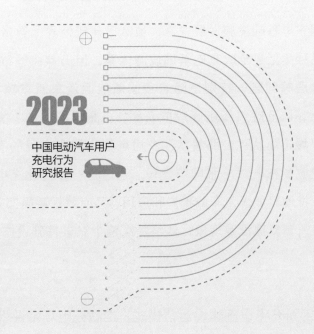

2023
中国电动汽车用户
充电行为
研究报告

07

一、统筹推进城乡充电"一张网"建设，优化充电基础设施布局

我国充电基础设施发展快速，虽然已建成世界上数量最多、服务范围最广、品种类型最全的充电基础设施体系，但仍存在着布局不够完善、结构不尽合理等问题，特别是随着我国新能源汽车新车销售渗透率提升至30%以上，以及对"新能源汽车下乡""充电桩下乡"支持力度的加大，要形成"城市面状、公路线状、乡村点状"均衡布局的高质量充电网络，统筹推进城乡充电"一张网"建设。通过进一步优化充电基础设施布局，既有助于推动新能源汽车的推广和应用，又有效规避局部充电供需不平衡、充电排队、重复建设等现象，最终提高整个充电基础设施体系的质量及使用率。

二、创新充电设施建设运营模式，推动充电场站评级体系建设

当前，我国新能源汽车保有量为 2000 万辆左右，充电基础设施的平均日使用率约为20%，大功率的快充、超充充电桩仍在建设完善中，在多因素影响下，我国充电运营商仍处于持续亏损状态，运营水平较为初级，服务体验有待提升。但随着新能源汽车保有量的进一步提升，通过托管、资产运营，以及"邻近车位共享""社区分时共享""多车一桩"等创新充电基础设施建设运营模式，既能有效提升充电服务运营水平、提高充电服务体验，也能形成更专业的产业链分工。此外，中国电动汽车充电基础

设施促进联盟通过设立充电速度、增值服务配套、充电满意度等指标，逐步完善充电场站评级体系建设，能够形成积极、健康的正向激励机制，推动我国新能源汽车充电基础设施高质量发展。

三、探索"统建统营统服"模式，完善社区公共充电设施建设

虽然我国已经建成世界最大规模的充电服务网络，但受社区电力容量限制、停车位资源紧缺等因素影响，根据中国电动汽车充电基础设施促进联盟数据，截至 2023 年底，我国私人充电桩所占的比例只有 68% 左右，低于欧美市场。而且我国一、二线城市的新能源车主普遍居住在楼房，持有车位资源的仅为少数。长期看，使用公共充电桩或统一建设社区充电桩，可以有效缓解社区充电难题。

国务院办公厅 2023 年 6 月印发的《关于进一步构建高质量充电基础设施体系的指导意见》提出，积极推进居住区充电基础设施建设，鼓励充电运营企业接受业主委托，开展居住区充电设施"统筹统建"，统一提供建设、运营、维护等服务。探索和落地"统建统营"模式，加快推进居住社区充电桩建设，为居民用户提供便捷、可靠的充电服务，这是做好社区充电的重要工作。

"统建统营统服"需要业主委托社区充电运营企业参与，将用户自用、自建充电桩纳入管理及运维范畴，并提供定期巡检、运维服务。社区电力容量存在余量的优先自用充电设施建设，容量不足的则由社区充电运营企业根据车位数量、电力容量统一建设和运营，可以选用具备智能有序充电功能的慢充桩或车网互动的 V2G 充电桩，结合削峰填谷、绿电消纳等电力调度需求，优化调整电动汽车充电时间、功率，既能降低用户充电成本，又能帮助用户通过峰谷套利获得收益，助力构建社区充电网、微电网和城市骨干电网三网融合发展的新型电力系统。

四、推广应用智能充电基础设施，加强车网互动协同发展

随着新能源汽车保有量的增长，大功率充电已是发展趋势。在光伏、风电等波动性强的新能源发电所占比例同步提升的情况下，电动汽车在负荷高峰期充电，将对电网带来巨大冲击。因此，推广应用智能有序充电、探索 V2G 车网互动业务等是建设高质量充电基础设施、助力新型电力系统构建的关键工作。

2023 年 11 月 13 日，工业和信息化部、交通运输部等 8 部门印发《关于启动第一批公共领域车辆全面电动化先行区试点的通知》，确定将北京、深圳、柳州等 15 个城市列为试点城市，鼓励探索形成一批可复制可推广的经验和模式，其中就包括智能有序充电、V2G 等车网融合新技术及新模式。智能有序充电桩可根据电网调度指令，动态调整充电时段和充电功率，增强电动汽车充电对电网的友好度，而 V2G 更可以通过"低谷充电，高峰放电"的方式，让电动汽车成为调节性资源，同时也为电力供需平衡提供支撑。

五、推进"光储充一体化"充电站建设，加快形成行业统一标准

当前，我国新能源汽车的新车销售渗透率已经突破 30%，充电站将成为全社会增长最快的负荷，在智能有序充电暂无法实现快速"削峰"的情况下，配电网电力容量必然成为稀缺资源，从经济性的角度考量，很难无限制地增加电力容量。

因此，光储充一体化的充电站相当于"自发自用"的构网型的微电网，通过配置光伏系统、储能柜，将中午光伏发电量储存起来，在高峰电价时放电，为电动汽车负荷供电。这既能大幅降低充电站的用电成本，也

能代替"变压器"，降低充电站投资建设成本，光伏发电余量还可以并网或"隔墙售电"，获取额外收益。目前，光储充一体化的充电站尚处于发展初期，亟待在行业层面建立规范，形成统一标准。

六、加强公共充电设施互联互通，提升产业链及生态协同能力

受电力容量、场地、设备、运营等多因素限制，我国充电服务市场是一个极度分散的格局。数据显示，从 2018 年开始，充电运营商前 5 的份额已从 87％ 降至 2023 年的 65.2％，新入场的城投、交投、能投及中小业主，让充电运营商市场日趋分散化。只有加强公共充电设施间的互联互通，才能解决充电服务网络的"孤岛"问题，形成全国充电服务"一张网"，从而进一步解决跨城、跨运营商充电的难题，提升充电服务体验。而且用于建设充电站的电力容量、土地资源原本就具有较强的公共属性，占有公共资源，各家充电运营商有责任加强互联互通，助力高质量充电基础设施体系的形成。

七、鼓励提供差异化充电服务，探索公共充电新兴商业模式

从充电方式看，目前市场中应用广泛的是固定充电桩模式，但随着自动驾驶的到来以及特殊应用场景充电需求，需要进一步探索无线充电、自动充电机器人等充电技术路线，创新充电商业模式，建立多样化、多种技术路线互补的充电服务体系。如自动充电机器人可以自由调度，在节假日高速充电、社区充电等场景下，拥有更大的发挥空间，可以有效解决电力容量不足、固定充电桩不够灵活的缺点。目前，无线充电、自动充电机器人等技术应用尚不够成熟，在充电体验提升、标准规范、应用落地等方面需要持续推进。